위험한 심리학

너의 마음속이 보여

위험한 심리학

송형석 지음

알에이치코리아

달라졌지만 달라지지 않은 것

몇 년 지나지 않았다고 생각했는데 꽤 많이 지난 모양이다. 예전에 쓴 글을 다시 읽어 보니 과연 내가 쓴 책인가 싶을 만큼 새롭게 느껴진다. 그도 그럴 것이 그사이 아이는 커버렸고, 나는 머리를 잘랐고(자꾸 빠져서), 이 책을 쓰게 된 가장 큰 계기였던 MBC 〈무한도전〉도 종영해버렸으니.

이 책을 썼던 당시 나는 예능 프로그램이나 라디오 출연에 열심이었는데, 여기에는 개인적인 흥미 외에도 사람들에게 정신과학이 어떤 것인지를 알리려는 목적이 있었다. 이 책을 읽고 사람들이 자연스레 병원이나 상담소에 들를 수 있게 되었으면 했다. 결과적으로, 이 책이 많은 사람들에게 심리학 개론서 역할을 하게 된 것 같아 매우 감사하게 생각한다.

당시 정신과에 대한 세상의 편견은 혹독해서, 내담자의 의심을 바로잡는 데 상담 시간 대부분을 써야 했다. 길에서 상담소를 보기도 힘들었던 때다. 그로부터 10여 년이 지난 지금은 얼마나 크게 변해버렸는지. 그래서 이런 '정신과에 대한 편견' 이야기는 기분 좋게 삭제했다.

또, 당시 사람들의 관심은 '내 마음이 어떤가'보다는 '어떻게 하면 남을 간파할 수 있을까'에 있었다. 그래서 나는 이 책을 쓸 때 사람들의 호기심도 자극하면서 독자 스스로 나라는 사람이 어떤 사람인지, 남과의 관계를 어떻게 만들어나가야 할지 고민할 수 있도록 하고 싶었다.

지금은 어떨까. 이제 사람들은 남보다 자기 자신에 더 관심이 많은 것 같다. 그러나 그 속내를 자세히 뜯어보면 그때나 지금이나 달라지지 않은 것이 있다. 바로 타인을 어렵게 느끼고 어떻게 대해야 할지 몰라 괴로워하는 사람이 많다는 사실이다. 나는 이런 문제를 안고 있는 이들이 이 책을 보면서 해결의 실마리를 찾을 수 있길 바란다.

이 책을 쓸 때 나는 성격 유형에 대해 분류하며《정신장애의 진단 및 통계 편람DSM IV》의 인격 장애 기준을 활용했다. 그것이 썩 탐탁지는 않았으나, 유명한 인격 이론들은 인격을 추상적 개념으로 분류하고 있어 명백한 이미지가 없다 보니 흥미도 떨어지는 데다, 개인적으로 의사들이 쓰는 진단명에 사람들이 더 익숙해지도록 도와주고 싶은 마음도 컸다. 이런저런 성격들의 극단적인 부분들이 있다는 것을 독자들이 알아주는 것으로 족하긴 하지만, 만약 성격론에 대해 더 많은 관심이 있다면 마이어브릭스 유형지표The Myers-Briggs Type Indicator, MBTI, 애니어그램Enneagram, OCEAN Big 5 Personality Test 등에 대해 좀 더 살펴보라. 깊이 있고 새로운 내용을 만날 수 있을 것이다.

이번 개정판에서는 낡은 표현이나 지금 읽기에 부적절한 내용을 수정했다. 또, 잘못 생각했던 부분, 너무 단순하게 썼던 부분을 보충했다. 다시 읽어 보니 정말 '위험한' 심리학이었다. 왜 이렇게 독하게 얘기했을까. 내 주변 사람 이야기를 상당히 노골적으로 쓴 부분도 있고, 특히 남녀 문제에 대한 이야기는 요즘 같아선 쓰기 힘든 부분들도 있었다. 왜 전에는 이렇게밖에 생각하지 못했을까 싶기도 했고, 복잡해서 설명하기 어려웠던 것들이 이제는 쉽게 느껴지기도 했다.

한편 당시에는 '그냥 이런 사람들을 피하라'라는 조언에 그쳤던 부분을 대폭 보강했다. 여전히 우리 주변엔 피하는 게 최선인 사람들이 많지만, 그런 이들과 어쩔 수 없이 매일 마주쳐야 하는 분들도 분명 있을 것이므로.

다행히도, 인격 장애나 정신과적 분류에 대한 여러 이론들은 물론이고 책 전반에 걸친 나의 기본적인 태도도 크게 변화하진 않았다(내 관심은 사람들의 본능적인 욕망들이니 앞으로도 많이 변화할 가능성은 크지 않겠지). 또 하나 다행인 건, 이 책을 쓰는 내내 드나들었던 카페도 아직 커피 맛이 달라지지 않았다는 점이다. 휴.

끝으로, 이 책이 다시 새 옷을 입고 독자 여러분과 만날 수 있도록 도와주신 많은 분들, 무엇보다 처음 내 책을 봐주셨던 분들, 출판사, 편집진 모두에게 깊은 감사의 마음을 전한다.

송형석

나를 위해 너를 배운다

어릴 적 나는 다른 사람 마음을 훤히 읽어내는 초능력자가 되고 싶었다. 좋아하는 여자아이가 내게 호감을 가지고 있는지, 윗사람이 나를 마음에 들어 하는지, 친구들이 나를 괜찮은 놈으로 봐주고 있는지, 척 보면 딱 알 수 있기를 바랐다.

정신과 의사가 되면 그런 걸 쉽게 해낼 수 있을 줄 알았다. 그런데 막상 의사가 되고 나서 알게 된 건 단 하나, '그런 건 불가능하다'란 사실이었다.

나는 이따금 사람들에게 퀴즈를 낸다.

"정신과 의사가 사람을 만나면 그 사람 속이 보이게요, 안 보이게요?"

보일 거라고? 에이, 내가 초능력자도 아니고. 기본적으로 상대방이 정확하게 어떠한 생각을 하고 있는지는 알 수 없는 일이다. 그럼 안 보인다고? 그것도 아니다. 적어도 상대방이 건네는 마음 조각 같은 건 당연히 보인다. 물론 그가 자신의 마음을 들키기 싫어한다면 절대 그 속을 알 수는 없다. 중요한 것은 '그 사람이 자신의 마음을 꼭꼭 감추고 있다는 점'이 훤히 보인다는 사실이다.

사람에 대해 호기심을 갖고 나 자신에 대해 알려고 하면 할수록 인간은 대부분 비슷비슷한 생각을 가지고 산다는 걸 깨닫게 된다. 나 자신과 너무도 닮은 사람들을 지켜보다 보면 그 행동 하나하나가 마치 내가 한 것처럼 느껴질 때가 있다. 그런 감정이 익숙해질 때쯤 '이 사람도 자신이 이렇게 보인다는 걸 알겠지' 하는 생각으로 대화를 하다가 가끔 문제가 된 적도 있다. 상대방은 하지도 않은 말인데, 나는 마치 그런 말을 이미 들었던 것처럼 이야기를 했던 것이다.

전문가들에게만 이런 기막힌 일이 생긴다고 생각하는가? 그렇지 않다. 이 책을 보는 모든 사람, 아니 하다못해 동물조차도 자신의 경험에 근거해서 상대방이 무슨 생각을 하는지 파악한다. 다만 그것이 정확하지 못하거나, 자신의 소망과 실제 상황을 헷갈리는 경우가 많을 뿐이다.

남의 마음을 알아내려는 이유

사람들이 단단히 오해하고 있는 사실 가운데 하나는, 정신과 의사나 심리 상담가가 남의 마음을 알아내는 일을 한다고 생각하는 것이다. 틀린 건 아니지만, 남의 마음을 알아내는 일은 그야말로 목적을 이루기 위한 '도구'에 불과하다. 도대체 남의 마음을 알아내서 어디에다 쓴단 말인가? 그 사람이 마음에 품고 있는 여러 감정들이 어디에서 생겨났는가를 파악하려는 목적 외에는 남의 마음을 알아내는 일에 다른 의도가 있을 리 없다.

TV에 나가 연예인들의 성격, 스타일을 분석하고 나서 들은 평가 중 하나가 "무섭다"였다. 내 입장에서는 상대방이 곤란해할 것을 감안해 나름대로 부드럽게 설명한다고 한 것이었기에, 너무 무서웠다는 평가는 조금 의외였다. 물론 당사자들 입장에서는 내심 불편했을 수도 있으니, 미안한 마음이 들었던 것도 사실이다.

나를 무섭다고 하는 사람들 대부분은 자기 속마음이 드러나는 것에 공포심을 가지고 있는데, 그 점은 나도 마찬가지다. 내게도 나만의 비밀이 있고, 남에게 이야기하기 힘든 경험이 있다. 분명히 말해두지만 최면을 통해서든 정신 분석을 통해서든 이러한 것들이 쉽게 드러날 수는 없다.

이렇게 말하면 어떤 사람들은 "그런데 왜 굳이 남의 마음을 알려고 하나요?" "인간이 무슨 권리로 인간을 판단하려고 합니까?"라고 나를 다그친다. 나는 그들에게 이렇게 말한다. 당신들 역시 매일 만나는 수많은 사람들을 하나하나 판단하며 살고 있지 않느냐고.

"야, 진짜 예쁘다"에서 시작해 "좀 건방져 보이네" "걔 진짜 짜증 난다" "이 사람 집에 가면 가족들을 엄청 못살게 굴 것 같아"까지, 바로 이것이 사람을 판단하는 일이다. 그런데도 남은 파악하고 싶지만 자기 속내를 들키는 것은 기분 나쁘다는 게 우리네 고약한 심보다.

나는 그저 상대방의 마음이 어떤 상태일 것 같은지에 대해 의견을 제시할 뿐이다. 그것을 잘 이용하느냐 마느냐는 전적으로 이야기를 듣는 당사자에게 달려 있다. 세상을 바라보는 시각이 모두 상대적이라는 사실을 잘 이해하고 있다면, 스스로 인정하기 힘든 의견조차도 그렇게 느껴질 만한 나름대로의 이유가 있다는 것을 알 수 있을 것이다.

어떤 이들은 남보다 내 마음을 먼저 알고 싶다고 한다. 그러나 자신이 어떠한 인간인지 한번 파악해보려고 하는 순간, 어느새 한계에 다다르고 만다. 그도 그럴 것이 인간은 자기 자신을 절대 제대로 볼 수 없기 때문이다. 거울 없이 자기 눈으로 자기 얼굴을 본 사람이 있는가? 거울 없이 자신의 등이나 엉덩이를 본 사람은? 아, 있다고…. 계속 서커스단에서 열심히 일하시길.

우리는 종종 "나는 내가 잘 알지"라는 말을 하곤 한다. 그 뒤에는 대개 "그러니까 나한테 더는 이래라 저래라 군말하지 마"라는 식의 고집 어린 말이 생략되어 있다. 정말로 자신이 어떤 인간인지 잘 알고 있을까? 자신의 얼굴 표정이나 행동을 나 자신은 보기 힘들지만, 남들은 너무나도 쉽게 인식한다. 나는 내가 이런 사람이라고 생각해도 세상 사람들의 생각은 다르다. 사실 내가 어떤 인간인지는 남들이 더 잘 안다. 이런 일이 얼마나 많은지에 대해서는 앞으로 천천히 얘기하겠다.

우습게도 자신을 알기 위해서는 남을 봐야 한다. 남이 하는 행동을 보면서 순간순간 나에게 일어나는 감정을 재빨리 눈치채야 한다. 그 감정을 정확히 잡아냈다면, 내가 남이 하는 그 행동을 할 때 다른 사람도 나와 비슷한 감정을 느낄 거라는 사실을 알 수 있을 것이다. 여자 앞에서 천연덕스럽게 코를 파고 있는 남자를 보며 혐오감이 들었다면 '설마 남이 안 보겠지' 하며 내가 몰래 코를 파고 있을 때 상대방이 그걸 보고 혐오감을 느낄 가능성이 매우 크다고도 생각해야 한다.

타인은 자기 자신을 보기 위한 거울 같은 존재들이다. 타인을 바라보는 자신의 시선과 감정을 충분히 이해해야만 내가 남에게 어떻게 보일 것인지, 나아가 나는 어떤 사람인지를 정확하게 파악할 수 있다. 물론 이는 당연히 너나 나나 똑같은 인간이라는 가정 하에 성립되는 얘기다.

이 방식에도 허점은 있다. 너와 내가 많이 다른 경우 그리고 나 자신이 감정이나 심리를 이해하는 수준이 낮아서 남들도 다 자기 같다고 오해하는 경우에 그렇다. 전자의 경우, 남들보다 좀 더 열심히 다른 타입의 사람들을 공부해가면 될 일이다. 후자의 경우는 간단한 명제 하나로 해결된다.

"겸손하라."

자신의 판단이 옳다고 생각하지 말고, 내 생각 위에 무언가가 더 있다고 생각하면 해결될 일이다.

그 외에 다른 방법이 있을까? 나는 없다고 생각한다. 아무리 그럴듯한 이론을 만들어내더라도, 끝내주게 쉬운 독심술을 개발하더라도, 언어를 통하지 않고서는 서로 의사소통을 할 수 없는 존재가 인간이다. 언어를 통하지 않는다면 심지어 자신이 어떤 감정을 가지고 있는지조차 깨닫기 힘들다. 때문에 자신이 가진 감정을 남들도 비슷하게 가지고 있을 것이라 스스로 상상해보는 일 이외에는 타인의 감정을 이해할 수 있는 방법이 없는 것이다.

힘 빼지 말고 여유 있게 가자

나는 인간이란 종족이 무언가 정확하지 못한 채널로 조금씩 조금씩 긴 시간 동안(적어도 100년 단위로) 서로 의사소통을 하며 점진적으로 어떤 목표를 향해 나아가는 개미 같은 존재라고 상상하곤 한다. 그러니까 결론은, 자신을 알아가는 과정이란 엄청나게 어렵고 고상한 일이니 그렇게 힘든 건 좀 나중에 하자는 얘기다. 사실 우리가 궁금해하는 건 남의 속마음 아니겠는가? 저 사람이 뭔 생각을 하나, 저 여자가 나를 좋아하나, 저 남자가 바람둥이는 아닌가, 이런 걸 알고 싶은 게 먼저일 거라는 얘기다.

우리에게 시간은 많다. 불교에서는 자신을 알려면 몇 번의 환생이 필요하다고 했다. 그러니 그냥 여유 있게 가자. 남들이 뭔 생각을 하고 사는지, 어떤 인간인지나 확실히 파악해서 적재적소에 잘 써먹어나 보자. 재미있는 건, 그렇게 살다 보면 그때그때 나 자신이 보이기 시작한다는 점인데, 방금 말한 것처럼 그건 나중에 다시 생각하자.

이는 나의 상담 스타일이기도 하다. 골치 아프게 원칙을 따지지 않고 원하는 것부터 제대로 하다 보면, 결론은 저절로 통하더라는 말씀. 여러분도 그렇게 될 때까지 일단은 남의 마음부터 과감하게 파헤쳐보길 바란다.

Part 2 심리 퍼즐 맞추기

3장_ 관심에 목마른 사람들

4장_ 타인에게 관심 없는 사람들

5장_ 타인에게 자신을 보여주지 못하는 사람들

PART 1

심리를 읽는 기술

1장

사람을
간파하는 단서

선입견이 꼭 나쁜 것은 아니지
: 겉모습

처음 사람을 만날 때 그에 대한 가장 중요한 정보는 어디에서 얻을까? 대개는 첫인상과 대화의 내용에서다. 거기에서 얻은 정보는 우리가 전에 만났던 사람들 가운데 상대방과 비슷하게 느껴지는 이들과 연결되기 시작한다. 이른바 '선입견'에 의존하게 되는 것이다.

잘 알다시피 선입견이란 잘 알지도 못하면서 대상을 보고 자기 멋대로 내린 판단이다. 그러니 선입견이라는 게 좋다고 볼 수는 없지만, 제법 쓸 만한 견해일 수는 있다. 어차피 우리가 타인의 마음을 추정할 때 그것이 100퍼센트 맞지는 않을 거라는 사실 정도는 이미 감안하고 있지 않은가. 적어도 50퍼센트 이상의 확률만 있다면 일단 선입견을 가설로 인정하고 적용해도 좋다. 틀리면 "아님 말고" 하면서 없던 일로 하면 된다. 예를 한번 들어보자.

친구에게 부탁을 받고 한낮에 커피숍에서 처음 보는 여자에게 물건을 전해주게 되었다.

"안녕하세요?"

인사를 하면서 얼굴을 보니, 예쁘다! 얼굴은 조막만 하고 키는 165센티미터가 좀 넘어 보이고 늘씬하고. 내 이상형까지는 아니지만 어디 가더라도 꽤 인기 끌 수 있을 것 같은 외모다. 여자는 명품 가방을 들었는데, 거기에는 귀여운 고양이 인형이 달려 있다.

복잡한 생각은 금물

먼저 이 여자의 얼굴 생김새부터 살펴보자. 왜 외모를? 사람은 타인을 볼 때 외모를 가장 먼저 보며, 얼굴에서 상대방의 감정, 가치, 앞으로의 관계까지 가장 중요한 정보를 얻어내기 때문이다. 이 경우, 설정한 바와 같이 대부분의 남자들은 이 여자에게 호감을 느낄 가능성이 크다. 그리고 그 호감에 대한 일련의 작용으로 주눅이 들거나, 경계심이 들거나, 유혹하고 싶은 충동 등도 일어날 수 있다.

'이 여자가 예쁘고 잘났기 때문에 나 같은 남자는 우습게 볼 것'이라 지레짐작하며 자격지심이 드는 사람이라면, 순간의 호감

이 열등감으로 인하여 갑자기 적대감이나 경계심으로 바뀔 수도 있다. 자신감에 가득 차서 '어라, 한번 유혹해봐야겠는데?' 하는 마음이 드는 남자도 있을 것이다. 이런 이들은 여자에게 멋진 미소를 지으려고 할 것이 분명하다.

남자들이 여자를 처음 마주할 때 느끼는 본능적인 감각을 너무 단순하게 일반화하는 것 아니냐고? 개인마다 복잡한 감정을 가질 수도 있다고? 에이, 사람의 마음을 파악하려 할 때 너무 복잡한 생각은 금물이다. 일단은 인간을 단순하게 보자. 아무리 커피가 맛있어도 기본은 쓴맛과 단맛이라고 생각하자. 그 외의 것은 천천히 생각하면 된다.

여기서 우리가 해야 할 것은 그 사람이 예쁜지 아닌지 감별하는 일이 아니다. 상대방이 호감 가는 인상인지, 어딘가 얄미워 보이는 인상인지, 누가 봐도 피할 정도로 무서운 인상인지 등 자신의 솔직한 선입견을 설정하는 것이다. 그다음, 방금 설정한 선입견의 정반대 상황을 가설로 잡는 것이 중요한 포인트다. 이는 '왜 이 사람은 저런 행동을 하는가'를 추리할 때 가장 좋은 해답을 준다.

예를 들면, 지나치게 깔끔한 사람은 마음속이든 집이든 어딘가에 더러운 데가 존재할 것이라고 생각하라. 과거사를 추정해볼 때도 마찬가지다. 지나치게 더러운 사람이 어릴 때부터 더러웠을 거라고 생각하지 마라. 너무 깔끔을 떨다가 어느 순간 포기했을지도 모른다. 바로 내가 그 대표적인 예이다. 어릴 땐 그렇게 깔끔

했다던데……

아무리 부정하려 해도 사회에서 그 사람이 차지하는 위치에 생김새가 영향을 미친다는 사실은 달라지지 않는다. 귀엽고 예쁜 아이는 어릴 때부터 긍정적인 평가를 듣고 자라기 때문에 자신감 이 생겨, 사회생활을 할 때도 좋은 기반에서 성장하기 쉽다. 하지 만 허영심이 생기거나 노력 없이 많은 상황을 귀여운 짓으로 때 우려는 경향이 생길 수도 있는 것이다.

인상이 무서운 사람은 어떨까? 자신을 본 사람들이 알아서 겁 을 먹고 고분고분한 것을 보고 자란 이들은 사람들이 원래 예의 를 잘 지키는 줄 안다. 물론 자신의 얼굴이 비호감이라는 점을 잘 알고서 주눅이 든 채 성장할 수도 있다.

이렇게 한 사람이 지닌 외형적인 조건은 평생을 따라다니는 문제가 되는데, 이는 심각한 콤플렉스가 되든가 아니면 주어진 조건을 극복하기 위해 정반대의 길을 걷게 만드는 결과를 가져오 기도 한다. 물론 그 사람이 현명하다면 외모 조건에 굴복하거나 극복하는 것 자체를 벗어나 자유롭게 살아갈 수도 있겠지만.

겉모습을 하나하나 뜯어볼 것

주어진 외모 외에 볼 수 있는 것이 그 사람의 표정이다. 우울 한지 밝은지, 주름살이 있는지 없는지 등을 통해 그 사람의 성격 을 읽을 수 있다.

상대방의 성격 특성을 잡아내는 중요한 원칙 가운데 하나는 어딘가 모순된다고 느끼는 점을 공략하는 것이다. 정말 예쁜데 우울한 표정의 여자, 참 착해 보이는데 미간에 쉽게 주름이 지는 남자 등 내가 가진 선입견 간에 충돌이 느껴지는 지점을 발견하면, 바로 그때 상대방의 성격 특성에 대한 의문이 생기게 마련이다. 울퉁불퉁 근육질에 다부져 보이는 사람이 앉을 때는 다소곳하다든지, 너무나 연약해 보이는 여자가 의외로 글씨는 굉장히 억세게 쓴다든지 하는 경우도 마찬가지다.

체형은 어떨까? 뚱뚱한 사람은 넉넉한 느낌을 줄 수 있지만, 대개 성격이 무척 예민해서 스트레스를 받으면 먹게 되는 타입인 경우가 많다. 마른 사람은? 역시나 예민한 느낌이다. 몸이 단단한 사람은 운동에 신경을 많이 쓰고 성실해 보이지만, 별로 머리를 쓸 것 같지 않다는 생각도 든다. 이런 단서는 일단 참조만 해두자.

옷차림에 대해서도 생각해볼까? 먼저 입고 있는 옷이 비싼지 싼지를 가지고 경제적인 수준을 가늠해볼 수 있다. 비싼 옷을 전혀 어울리지 않게 입은 사람을 보면 과시욕 때문에 쓸데없이 돈을 몸에 바른 듯한 인상을 받기도 한다. 싼 옷을 재치 있게 코디한 사람을 보면 그 패션 감각으로 인해 호감도가 상승할 수도 있다. 물론 옷의 가격을 잘 모르는 사람이라면 이런 부분에 무딜 수밖에 없다.

'나만의 룩'이라고밖에 말할 수 없는 옷차림을 하고 있는 사람을 보면 적어도 남에게 그렇게 신경을 많이 쓰는 타입은 아니란 생각이 든다. 펑크룩 같은 차림을 한국에서 할 수 있으려면 상당히 낯이 두껍든지 사회에 대한 분노가 크든지 할 것 같고, 에스닉룩을 하고 있으면 세계 민족에 대한 호기심도 있어 보이고 왠지 환경보호론자일 것만 같은 느낌도 든다(실은 내가 이쪽을 좋아한다). 이런 느낌도 참조만 해두자.

마스코트는 그 사람을 판단하는 데 제법 많은 도움을 준다. 그 사람이 들고 있는 인형이나 그림은 대체로 그 사람의 정체성을 드러낸다. 고양이 인형을 좋아하는 사람은 고양이의 일반적인 성격처럼 대개 독립적이고 참견받기 싫어하는 타입이 많다. 코알라 인형을 좋아하는 사람은 애교 많은 성격일 수 있고, 해골 인형을 달고 다니는 사람은 우울 성향이 내재되어 있을 수도 있다.

숨은 심리 찾기

- 선입견을 최대한 활용한다.
- 선입견은 선입견일 뿐이다. 내 생각의 정반대 가능성도 고려한다.
- 자신이 세운 선입견들 간에 모순되는 부분에 집중하라. 대개 그 부분에 상대방의 성격 특성이 숨겨져 있다.

행동 사이에 모순은 없을까
: 사소한 행동

그녀를 보자마자 순간적으로 든 생각, 즉 첫인상으로 어느 정도 상대방에 대한 그림을 그릴 수 있었다. 이제 그다음은 그녀의 반응을 보는 것이다.

그녀는 고개를 삐딱하게 한 상태에서 약간 턱을 들고, 나를 내려다보며 말을 건넨다.

"안냐세여?"

다소 부정확한 발음. 말을 건 후 나를 편하게 보지 못하고 어딘가 다른 곳을 보고 있다.

자, 첫인상에 반전이 생겼다. 나를 내려다보듯이 말을 걸 때는 기분이 좀 나빠졌다. 안 그래도 나에게 호감을 가질지 안 가질지 살짝 전전긍긍하고 있던 차였는데, 자존심에 약간 금이 생겼다. 하지만 나를 정확히 쳐다보지 않는 것을 인식하는 순간 '응? 혹시 나를 똑바로 쳐다보지 않는 건 내가 좋아서가 아닐까?'라는 자신만의 판타지가 뭉게뭉게 피어나기도 한다. 모두가 약 0.1초 사이에 벌어지는 일들이다.

다시 이성을 차리자. 상대방에게 많은 감정을 품고 있으면 중립적인 분석은 불가능하다. 이 사람은 그저 약간 예의 없는 사람일 수도 있고, 나에게 별 관심이 없는 사람일 수도 있고, 좀 내성적인 사람일 수도 있고, 다행스럽게도 나에게 첫눈에 반해버린 사람일 수도 있다.

그다음에 한 말이 "안나세여?"이다. 약간 예의 없어 보이는 말투 혹은 무신경해 보이는 말투다.

'내가 마음에 안 드나?'

미안하지만, 이 판단은 내가 그녀를 상당히 마음에 들어 했기 때문에 나온 것이다. 상대방 역시 나에 대해, 내가 상대방을 생각하는 정도밖에 판단할 수 없다. 세상에 어떤 인간이 그렇게 첫눈에 잘 반해버리겠는가. 살다 보면 정들고 그러는 거지.

잠깐, 그렇다면 좀 험하게 살아오셨나? 그럴 가능성도 있다. 학창 시절에 껌 좀 씹으셨을지도 모르는 일. 하지만 어제 술을 좀 하셔서 오늘따라 몸과 마음이 불편한 나머지 사람 만나기가 귀찮아졌을 가능성도 있고, 하필 오늘 몸 상태가 별로일지도 모른다.

적어도 분명한 건, 그 뒤에 나를 똑바로 보지 못하고 다른 곳을 쳐다보더라는 사실이다. 나를 대하는 게 그렇게 편하지만은 않은 것이 확실하다. 물론 내 얼굴이 평범한 건 사실이지만, 소개팅으로 나온 사람이 아닌 다음에야 처음 만난 사람을 자연스럽게 쳐다보지 못한다면, 이는 그 사람의 성격이나 마음의 일면을 확실하게 보여주는 명확한 지점이라 생각해야 한다.

숨은 심리 찾기

- 상대방의 사소한 행동을 보면서 떠오르는 순간적인 느낌을 놓치지 않고 일일이 기억해둔다.
- 그 느낌 사이에 서로 위화감이 느껴지는 순간, 머릿속에서 그 지점을 빨간펜으로 표시해둔다.

적극적인 순간 vs. 심드렁한 순간
: 말투

그녀가 느끼기에 내가 편하지 않다는 점은 알았고, 이제 어떻게 한다? 일단 대화를 시작한다.

상당히 데면데면하다. 나는 비교적 쾌활한 편이라 편하게 말하고 싶어 하는데, 여자는 많이 어색해하는 것 같다. 일반적인 소개를 서로 나눈 뒤, 내가 먼저 용건을 얘기한다.

"제 친구가 이걸 좀 갖다 달라고 해서요."

"어머나! 이거 정말로 사왔네. 제가 무척 가지고 싶어 했던 음반이에요. 걔가 브라질 간다고 엄청 자랑을 하기에, 이 음반 좀 브라질에서 구해달라고 부탁을 했거든요. 우리나라에서는 구하기 힘든 거라서요. 설마 사올까 했는데, 정말 사왔네. 걔가

게을러서 사올 거라고 생각도 안 했어요."

"아, 그러셨어요?"

"이 가수가 미국이나 유럽에서는 그렇게 인기가 있다는데, 우리나라에선 찬밥이죠. 진짜 분위기 있게 생기지 않았어요?"

"네, 잘생겼네요. 근데 제 친구하고는 어떻게 아는 사이세요?"

"음…. (약 1.5초 정도의 침묵이 흐른다.) 예전에 같은 회사 다니며 친해진 사이예요."

여자는 계속 CD를 보고 있다.

"…… 저하고는 고등학교 친구예요."

"둘이 많이 친한가 봐요."

"뭐, 그럭저럭요."

대화를 하면서 그녀는 자기 가방의 로고가 새겨진 부분을 계속 만지작거린다.

잡아낼 수 있는 정보들

이번에는 특별히 행동을 보지 말고 대화 자체만을 보자. 일단 여자의 말투가 어떻게 느껴지는가? 적어도 내가 갖다 준 물건 때문에 상당히 기뻐한다는 것을 알 수 있다. 문제는 방금까지 데면데면했던 사람치고 말투가 너무 급진전됐다는 점이다. 자신이 가지고 싶어 하던 물건을 손에 넣자, 기쁨에 도취되어 상대방에 대한 경계심이 살짝 풀어진 덕분이다. 이제 그녀의 마음을 얻을 수 있는 길이 조금 열렸다.

여자의 첫 번째 이야기에서 잡아낼 수 있는 정보를 몇 가지만 정리해보자. 첫째, 자신이 관심을 가지고 있는 물건 이야기를 할 때는 자연스러운 정도를 넘어 자신을 다 보여주는 분위기다. 둘째, 타인이 관심 있는지 없는지는 별로 신경 쓰지 않는다. 셋째, 자신의 관심사에 따라 기분이 쉽게 변한다.

누군가는 위의 세 가지를 보고 "뭐, 당연하잖아?"라고 생각할 수도 있고, 어떤 사람은 "말도 안 돼. 그건 그냥 선입견일 뿐이야"라고 말할 수도 있다. 하지만 과학이나 이론이라는 것이 가설을 세우고 하나씩 입증해가는 것이라 생각한다면, 사람을 읽을 때 가설을 세워나가는 것에 저항감을 느끼거나 주저하지 말라고 말하고 싶다. 사람을 파악하는 순서는 상대방의 사소한 특징이라도 놓치지 않고 잘 잡은 후, 너무나 당연해 보이는 사실을 가설로 정확히 세운 다음, 이를 중심으로 그다음 생각을 펼쳐나가는 것이기 때문이다.

가설의 재확인

여자가 가수에 대해 이야기한 다음의 상황을 보자. 나는 그녀가 그 가수에 대해 이야기하는 것을 잘라버렸다. 아무래도 처음 만난 사이에 관심도 없는 가수 이야기를 한다는 것이 좀 이상한 것 같아 화제를 친구와의 관계로 돌린 것이다.

사실 이는 남자의 문제다. 사람과 대화를 할 때 이야기가 계속 되기를 바란다면, 상대방이 하고 싶어 하는 이야기가 나오도록 잘 들어줘야 한다. 결국 의도와는 달리, 나는 상대방의 의사 표현을 가로막은 셈이 되고 말았다. 이후, 예상대로 여자는 냉담해진다. 물론 그녀 역시 처음 만난 사람에게 예의를 갖추는 타입이라고 보기는 힘들다.

앞서 지적했던 몇 가지 가설이 재확인된다. 적어도 이 여자는 타인과의 대화에 익숙한 사람이 아니다. 그러나 자신이 관심을 가지고 있는 이야기를 잘 들어주고 그에 동의해준다면, 자신을 잘 표현하는 사람이라고 볼 수 있다.

숨은 심리 찾기

• 자신의 머릿속에 떠오르는 느낌에 저항하지 말고, 그것을 가설로 남겨 놓자. 내 생각에 솔직하라.

• 상대방의 말투가 호의적으로 변하는 지점과 심드렁해지는 지점을 확인한 후, 대화를 통해 얻어낸 시시콜콜한 정보로 가설을 세운다. 상대방의 태도를 되짚어보며, 내가 세운 가설이 맞는지 확인한다.

착각은 금물, 본능보다 경험
: 눈길

다음으로 중요한 것이 상대방의 눈길이다. 눈길이 어디로 향하는지를 유심히 살펴보자. 흔히들 '눈은 마음의 창'이라고 말한다. 망막과 수정체에 마음이 선명하게 보일 리는 없겠지만, 아마도 인간은 자신이 눈으로 상대방을 보듯이 자신의 마음도 상대방에게 눈을 통해 보일 것이라고 느끼는 것 같다.

나는 어린 시절 참 숫기가 없는 편이었는데, 언젠가 친구들 앞에서 춤을 출 일이 있었다. 처음에는 너무나 부끄러워하다가 선글라스를 빌려 쓰고나서는 이상할 정도로 용기가 나서 마이클 잭슨 춤을 열정적으로 추었던 기억이 난다. 아마 마이클 잭슨도 그래서 춤을 출 때 선글라스를 썼던 것은 아닐까?

눈길은 안식처를 찾는다

상대방이 무엇을 보고 있는가? 나를 보고 있는가? 내 눈을 똑바로 쳐다보고 있는가? 약간 눈을 돌려 허공을 바라보고 있는가? 아니면 자기 앞에 놓인 CD만 들여다보고 있지는 않은가? 자신의 마스코트 혹은 명품 가방을 지긋이 바라보고 있는 건 아닌가?

원칙은 간단하다. 그 사람이 보고 있는 것이 무엇이건 간에 그것이 그 사람이 상대하기에 가장 편한 것이라고 생각하면 된다.

만약 그녀가 자신의 가방을 쳐다보며 이야기한다면, 적어도 그 사람은 가방을 가장 편안하게 여기고 있다고 볼 수 있다. 내가 너무 멋진 나머지 그녀가 자격지심을 느껴 결국 자신이 가장 자랑할 만한 명품 가방을 보고 있는 것일 수도 있고, 단순히 어제 산 가방이 정말 마음에 들어 만지작거리고 있는 것일 수도 있다. 나에 대한 그녀의 마음이 무엇인지는 정확히 알기 힘들지만, 사실 그녀 스스로도 나에 대한 감정을 명확하게 인식하지는 못하겠지만, 확실한 것은 가방이 그녀의 마음을 위로해주고 있다는 사실이다.

자, 그렇다면 이제 그녀를 어떻게 공략할 것인가? 그녀가 관심을 가지고 있는 물건에 대해 나도 관심을 보여주는 것이 가장 쉽고 빠른 방법이다.

"어, 그 가방 저도 잘 아는데. 유럽에서 요즘 인기 최고잖아요."

하지만 조심해야 한다. 그녀의 관심이 지극히 개인적인 것이어서 드러내기 싫어하는 부분일 수도 있기 때문에 섣불리 관심을 보였다가 오히려 더 경계를 사게 될 수도 있다. 그러니 한두 번 떠 보다가 아니다 싶으면 곧바로 화제를 돌려야 한다.

만약 그녀가 내 눈을 똑바로 쳐다본다면 어떤 느낌이 들까? 어떤 남자는 '어라? 역시 나한테 관심이 있나 본데? 후훗'이라고 생각할 수도 있고(대부분 이렇다), 어떤 남자는 '나를 무시하나? 왜 이렇게 나를 쳐다봐?'라고 생각할 수도 있다. 사실 이런 느낌은 거의 본능에 따르는 것이다. 상대방이 나보다 강한지 약한지를 따지거나 성적 파트너로서 얼마나 가치 있는지를 순식간에 따지는 것은 거의 동물적인 본능에 가까운 속성이다.

문제는 이때 착각이 많이 발생한다는 것이다. 상대방의 행동에는 내가 생각하는 것만큼 특정한 의도가 담겨 있지 않은 경우가 많다. 행동의 이유는 생각보다 훨씬 다양하고 섬세하다. 그저 그녀가 사람을 편하게 바라보는 타입일 수도 있고, 내 얼굴에 뭔가가 붙어 있어서 계속 쳐다보는 것일 수도 있다. 나만 해도 성격이 소심한 편이어서 어릴 때 사람과 마주하는 걸 좋아하지 않았는데, 그러한 점을 극복하기 위해 일부러 열심히 상대방 얼굴을 쳐다보려고 했었다.

절대로 신중할 것

사람은 사실을 냉철하게 판단하기보다 자기가 원하는 것에 더 충실하게 반응한다. 즉, 아무리 현실적으로 아니라는 생각이 들어도 내가 그것을 원하면 나도 모르게 착각에 빠지고 마는 것이다. 따라서 상대방을 파악할 때 가장 주의해야 할 점 가운데 하나가, 바로 자신의 욕망이 이끄는 느낌에 휘말리는 것을 경계하고, 자신의 경험과 이성적인 판단을 더 중요시해야 한다는 것이다. 좀 더 알기 쉽게 이야기하자면, 함부로 결정을 내리지 말고 신중하게 접근하라는 말이 되겠다.

물론, 절대로 쉬운 일은 아니다. 사실 이런 것은 도를 닦거나 인간성을 키워가는 과정과도 같아서, 평생을 두고 훈련해도 쉽게 이루어지지 않는 과제이니까.

┌─ 숨은 심리 찾기 ─

• 그 사람이 현재 보고 있는 것이 그 사람이 현재 생각하고 있는 것이다.
• 본능에 따르다 보면 쉽사리 착각에 빠질 수 있다. 신중하라. 사람을 볼 때는 항상 그동안의 경험과 이성에 의거해 판단하라.

대화가 즐거우면 말꼬리도 잘린다고
: 말의 속도와 간격

    말의 속도나 간격은 정신과 의사들도 보통 크게 신경 쓰지 않는 부분이다. 하지만 의외로 이 부분이 사람의 마음을 엿볼 수 있는 중요한 정보를 줄 때가 많다.

    먼저 간단하게 생각해볼 수 있는 것은 상대방이 말을 빠르게 하느냐 느리게 하느냐 하는 점이다. 말이 빠르면 재치 있어 보이지만, 한편 경망스러워 보일 수도 있다. 말이 느린 경우에는 진지해 보일 수 있지만, 자칫 둔해 보일 수도 있다. 어느 쪽이 맞는지를 알아보려면 그다음 질문을 던져 내가 세운 가설이 맞는지 틀린지 확인해보아야 한다.

일상 질문을 던져라

느릿느릿해서 둔한 느낌이 드는 사람에게는 테스트용으로 그가 하는 일이나 가정사에 대해 간단하게 질문해본다. 흔하디흔해서 특별할 것도 없는 그런 질문들이 좋다.

"그런데 요즘 하시는 일이 잘 된다면서요." "애들이 공부를 잘한다던데, 비결이 뭐예요?" 같은 질문을 던졌을 때 대답이 "뭐, 별거 없어요" 정도로 끝나는 사람도 있고, 은근히 "주식 투자를 좀 하는데, 요즘은 안 좋네요. 컨디션이 별로인지 하는 투자마다 실패예요, 허허"라고 대답하는 사람 등 여러 부류가 있을 수 있다. 이때 중요한 것은 사용되는 단어나 내용에 깊이가 있느냐 하는 점이다.

둔하고 단순한 사람일수록 일상사日常事에 관련된 평범한 질문에 대해서는 아주 단순한 대답밖에 하지 못하는 경우가 많다. 반대로 대단하지 않은 질문에도 중요한 맥락을 잡아 진지하고 재미있게 이야기를 이어가는 사람도 있는데, 이러한 이들은 보통 생각이 깊은 사람일 가능성이 크다.

한편 이런 평범한 질문에는 모범 답안이라는 게 존재하게 마련인데, 가끔 매우 독특한 대답을 하는 사람이 있다. 이때를 놓치지 말자. 예를 들면, "요즘 가게는 잘 돼요?"라는 질문에는 "신경 써주신 덕분에 그럭저럭 되는 편입니다" 정도가 일반적인 대답이다. 그런데 만약 상대방이 이렇게 말했다면?

"가게는 자기 혼자 잘 돌아가고 있지요."

이 말에서 우리는 그가 가게 수입이나 운영 방식을 썩 마음에 들어하지 않는다는 정보는 물론 그의 약간 별난 성향이나 장난기까지도 포착할 수 있다.

대화 간격은 몇 초?

이번에는 대화를 주고받는 데 걸리는 시간을 살펴보자. 대화할 때 사람들은 상대방의 말을 듣고 얼마 후에나 대답을 할까?

정말 친한 사이끼리 신나게 대화할 때, 두 사람의 대화 간격이 얼마나 될지 상상해보라. 0초라고? 아니다! 대개 -1초 이하가 될 것이다.

마이너스라니, 이게 대체 무슨 소리냐고 생각할지도 모른다. 간단히 말해, 상대방이 몇 마디 하지 않아도 대충 다음 말이 무엇인지 알아듣고 미리부터 내 말을 시작한다는 뜻이다. 물론 친하지 않아도 지레짐작해서 상대방의 말을 잘라버린 다음, 자기 얘기만 줄줄 지껄이는 사람이 있긴 하지만.

내 생각에 가장 적절한 대화 간격은, 한참 신이 났을 경우 -2초 내외, 가벼운 대화를 할 때는 0초~1초 이하, 약간 진지한 대화를 할 때는 1~3초 정도인 것 같다.

친구들과 신나게 대화를 할 때는 맞장구를 잘 치는 것이 무엇보다 중요하다. 빨리 반응을 못 해서 맥을 끊는 사람은 결국 대화에 잘 끼지 못하고 도태될 가능성이 크다.

어린이나 청소년 가운데 "다른 애들과 어울리질 못해요"라며 나를 찾아오는 친구들을 보면 타인과 대화할 때 맥락을 잘 파악하지 못하는 경우도 있지만, 단순히 반응 속도가 느린 경우도 많다. 특별히 친구들로부터 미움을 받는 것도 아닌데, 자기도 모르는 사이에 은근하게 따돌림을 받고 있는 아이가 있다면 바로 이러한 경우에 해당할 것이다.

실제로 실험해보길 바란다. 친구와 대화할 때 정확히 1초만 기다린 후 반응해보라. "잘 지냈어?" 하고 물어보는데 한 번 숨을 내쉬고 나서 "응…. 뭐, 그럭저럭"이라고 대답을 한다면? 아마 이렇게 세 번만 하고 나면, 상대방이 나를 한 대 때려주고 싶다는 생각을 하게 될지도 모른다. 사실 이것도 본능에 가까운 반응이다. 전화를 할 때도 상대방이 말이 없으면 전화가 끊어진 건지 상대방이 내 말을 지루해하는 건지 구분이 안 가서 초조하지 않던가? 대화 사이의 간격이 길어지면, 즉 대답이 늦어지면, 상대방은 내가 다음과 같이 생각한다고 여길 것이다.

'너와 대화하는 게 지루해. 빨리 이 자리에서 벗어났으면 좋겠어.'

사람은 말이나 행동의 반응이 즉각적으로 오지 않으면, 부정적인 반응으로 인식하고 불안해하는 습성이 있다.

이를 역으로 이용할 수도 있다. 가까이하고 싶지 않은 친구가 있다면, 일부러 그의 질문에 조금씩 늦게 대답해보라. 상대방은 점점 불안해하면서 나에게서 멀어지고 싶어 할 것이다.

선천적으로 반응이 느린 사람들도 있다. 이들은 못 알아들었어도 재빨리 고개를 끄덕이거나, 잘 몰라도 "아하" "음" 같은 감탄사를 쓰는 것이 좋다. 뭐, 알아듣지 못했으면 어때. 둘러대는 건 나중에 걱정할 일이고, 일단은 그럴듯해 보이는 것이 더 중요한 법이다, 훗.

진지한 대화를 나눌 때는 반대로 약간의 시간 지연이 필요하다. 내가 잘 알고 있는 내용이라 하더라도 상대방의 질문에 너무 빨리 대답해버리면 전혀 심사숙고 없이 말을 뱉는 사람이란 인상을 줄 수 있다. 따라서 대화 사이에 "음…"이라든가 끄덕끄덕하는 제스처를 곁들이는 것이 좋다.

사람 간에 대화가 잘 될 때는 마치 재즈 연주에서 악기들 간에 상호작용이 멋지게 일어날 때처럼 호흡이 척척 맞아들어가 그렇게 즐거울 수가 없다. 이때는 잠깐의 정적도 무의미하지 않다. 음악에서는 잠시 소리가 나지 않는 것도 앞으로의 소리를 위한 기다림으로 간주하기 때문에, 음악을 듣는 사람의 내적인 울림을 위해 일부러 연주를 멈추고 정적을 강조하기도 한다. 대화에서의 정적 역시 그렇게 사용되어야 한다.

가설 세우기, 가설 수정하기

앞서 이야기한 사례에서 상대방 여자는 나의 말에 약 1.5초 만에 반응을 보였다. 성격이 좀 느리다거나 현재 상황을 지루하게 여긴다는 느낌을 주고 있다. 물론 그게 아닐 수도 있다. 상대방이 나에게 별 관심이 없어서 지루해할 수도 있고, 아니면 이 사람 자체가 원래 타인에게 신경 쓰지 않는 사람일 수도 있다. 원래 말이 느린 사람, 생각 없는 바보, 그냥 오늘따라 기분이 안 좋아서 일일이 반응하기가 귀찮은 사람, 가능성은 여럿이다.

이야기 속 남자는 상대방 여자에 대해 다음과 같은 결론을 내렸다. 맞는지 틀린지 알 수는 없지만.

- 얼굴 예쁨.
- 상대방에게 관심을 별로 보이지 않으며 예의 없음.
- 자기가 좋아하는 이야기에는 흥미를 나타냄.
- 그러나 관심 없는 주제에 대해서는 지루해함.

이 인물에 대해 보통 발동시킬 수 있는 전형적인 선입견은 '예의 없고, 주변에 무심하고, 얼굴 예쁜 여자' 정도일 것이다. 과연 그럴까? 남자는 적어도 한 가지가 이 인물에 대한 선입견 퍼즐이 조합되는 것을 방해한다고 느낄 것이다. 바로 '브라질 가수를 좋아하는 젊은 여자'라는 퍼즐 한 조각. 이 조각에서 '음악에 대한 식견이 있는, 다소 지적인 느낌의 여성'이라는 연상 작용이 일어난다. 위의 카드들과는 맞지 않는다. 이렇게 각각의 정보가 주는 이미지가 서로 다를 때는 자신이 내린 결론을 빨리 포기해야 한다. 내가 가진 편견의 영향을 제한하거나, 아직 정보가 너무 적다고 생각하고 섣부른 판단을 보류해야 한다.

만약 나라면 위의 정보를 이렇게 해석할 것이다.

- 얼굴이 예쁘다고 느껴지지만 내 취향일 수 있다. 내가 요즘 여자를 못 봐서 전부 다 예뻐 보일 수도 있다. 어쩌면 나는 그녀에게 CD를 전해주라고 한 친구에게 호감을 갖고 있는데, 이 감정을 눈앞의 그녀에 대한 것으로 착각하고 있는지도 모른다.
- 나에게 관심을 별로 보이지 않는 것은, 그녀가 피곤했거나 내 친구와 사이가 그다지 좋지 않아 나에 대해서도 큰 기대를 하지 않아서일 수 있다. 내가 굉장한 비호감일 수도 있다.
- 자기가 관심 없는 주제에 대해 지루해하는 것은, 그녀가 한창 일을 하다 와서 지쳐 있는 상태라 그럴 수도, 그녀 자체가 낯선 사람을 대하는 것이 어려운 사람이어서 그럴 수도 있다.
- 그러나 그녀의 태도가 불쾌했던 것은 사실이다. 나는 그녀가 처음 만난 사람에게 적절한 태도를 보이는 사람은 아니라고 판단한다.
- 그녀는 음악에 조예가 깊거나 지적인 것으로 보이지만, 불안을 많이 타는 성격일 수 있다. 남 눈치를 잘 보지 않고 감정에 따라 행동하는 사람으로도 보인다.

어떤 차이가 있을까? 처음에 내렸던 결론의 부정적인 시선을 부정하고 상대방에게 최대한 호의적인 상황을 그려본다. 너무 긍정적으로 봤다면 반대로 최대한 불리한 상황을 그려본다. 다양한 사람을 겪어본 사람일수록 다양한 경우를 상상해낼 수 있다. 그러나 사람의 경험은 항상 한계가 있기 마련이라, 자신의 판단을 계속 의심하고 재해석할 필요가 있는 것이다.

그렇다면 항상 자신의 판단을 의심하면 도대체 언제 결론을 내릴 수 있단 말인가? 심사숙고하기를 권유하지만 계속 결론을 미루라는 것은 아니다. 이것만은 확실한 것 같다는 판단이 섰다면, 그것을 다음의 판단으로 발전시켜야 한다. 나는 그녀의 태도가 확실히 부적절하다고 결론을 내린 후, 상대방에 대해 재해석을 했다. 다만 단순하게 '예의 없는 사람'이라는 부정적인 판정을 내리는 것이 아니라, 다시 호의적으로 다른 가능성을 찾았다. 잘 찾지 못하겠거든 상대방이 아직은 대인관계 기술이 미숙하지만 변화할 여지가 있다고 여유롭게 생각하는 것이 어떨까. 항상 이렇게 생각할 수 있다면 아마 굉장한 호인으로 불리는 자신을 발견하게 될지도.

너무 급할 필요는 없다. 글이 길어서 그렇지, 나와 이 여자는 만난 지 몇 분 되지도 않았고, 그것만으로 사람을 금방 파악하려는 의도 자체가 건전하다고 볼 수 없다. 정말 진지한 관계를 생각한다면 상대방보다는 자신이 어떤 생각을 가지고 있는지부터 점검하는 것이 우선이다.

사람이란 아무리 오래 만나도 전부를 파악할 수는 없는 존재다. 개인적인 경험을 떠올려볼 때 내가 아무리 꼼꼼하게 상대방을 파악해서 이야기해주더라도, 상대방이 그에 동의할 확률은 한 50퍼센트 정도밖에 되지 않는다. 30퍼센트 정도는 내가 잘못 판단한 것이고, 30퍼센트 정도는 맞는 얘기를 했지만, 상대방이 스스로를 잘 몰라서 부인하고 있는 것이다. 중복되는 10퍼센트의 경우는 무엇일까? 바로 상대방도 나도 착각하고 있는 부분이다.

숨은 심리 찾기

• 상대방을 파악하기 위해 단순한 질문을 해보자. 가끔씩 화자의 개성을 보여주는 독특한 대답을 들을 수 있다.
• 대화를 시작한 후 상대방이 나의 질문에 적절한 속도, 적절한 타이밍으로 대답하고 있는지를 면밀히 관찰하자.
• 물론 내가 적절하게 질문하고 대답하지 않는다면, 신뢰도는 곧바로 떨어진다.
• 내가 내린 결론이 부정적이면 긍정적일 가능성을, 결론이 긍정적이면 부정적일 가능성을 다시 찾는다. 자신에게 유리한 결론은 항상 의심하는 것이 좋다.

질문에 딱 맞는 대답일까
: 상대방의 반응

가장 먼저 집중해서 살펴볼 것은 상대방이 내 말에 어떻게 반응하고 있는가 하는 부분이다. 내 말을 잘 받아주고 자기 의견을 제대로 말하는지만 유심히 보아도 대충 그 사람의 됨됨이는 파악이 된다.

우리는 흔히 스스로가 상대방의 말을 논리적으로 받아서 논리적으로 대답한다고 생각하지만, 천만의 말씀이다. 정신과에 들어가면 수련 중에 반드시 하는 과정 중 하나로 '버바팀verbatim'이라는 것이 있다. 이는 자신과 내담자 사이에 면담한 내용을 녹음한 뒤, 다시 들으면서 타이핑하는 것이다.

타이핑한 면담 내용을 죽 읽고 나서는 누구나 황당해한다. 대체로 주제와 상관없는 이야기들이 왔다 갔다 하기 때문이다. 원래 대화라는 것이 말 이외에도 얼굴 표정이나 제스처와 더불어 진행되는 것이어서, 말만 가지고 맥락을 따진다는 것이 불완전할 수는 있다. 하지만 그 점을 감안한다 해도 보통 대화가 심하게 엉망진창이어서 쥐구멍이라도 찾고 싶을 때가 많다.

정신과 의사가 집중해서 하는 대화도 이러한데, 보통 사람들의 대화는 어떻겠는가? 영화나 드라마에 나오는 것처럼 기승전결起承轉結이 정확한 대화가 얼마나 될까? 우리가 하는 일상적인 대화를 그대로 적은 다음 읽어보면 수많은 생략과 논리적인 비약, 단절이 포함되어 있음을 알게 된다(술을 마시고 나서 하는 대화를 살펴보면 더 그렇다). 나 자신도 직접 해보기 전까지는 잘 느끼지 못했던 부분이었다. 믿기지 않는다면 한번 해보시길.

딴 생각? 의존적?

다음은 상대방의 말에 우리가 흔히 반응하는 방식이다.

"어떤 걸 먹는 게 좋을까? 짬뽕 할래, 짜장면 할래?"
"맛있는 거. 아, 닭갈비 먹고 싶다."

첫 번째 사람의 말을 들으면, 아마도 이들은 중국집에 와 있는 것 같다. 그런데 두 번째 사람이 난데없이 닭갈비 이야기를 한다. 누가 봐도 상대방의 말에 별 관심이 없어 보인다. 이런 경우, 세

가지를 생각해볼 수 있다. 하나는 자기 생각에 몰두하다가 아무 말이나 툭 뱉은 경우, 하나는 성격적으로 상대방의 의견을 존중하지 못하거나 스스로 결정을 잘 내리지 못하는 경우, 하나는 큰 악의는 없으나 사람이 원래 산만해서 상대방의 말에 귀를 기울이지 못하는 경우. 다음 대화까지 들어보면 문제가 확실해진다.

"야, 중국집까지 와서 닭갈비 이야기를 꺼내면 어떡해?"
"아, 미안해. 아까부터 춘천 갔던 생각을 하다 보니까 나도 모르게 닭 이야기가 나오네."
"그래서 뭐 먹을 건데?"
"아쉬운 대로 라조기 먹을래. 흐흐."

딴 생각을 하고 있었던 경우다. 이때 몇몇 특이한 부류를 제외하고는 위의 경우처럼 금세 자기 잘못을 깨닫고 상대방의 말에 제대로 반응하게 된다.

"그럼 닭갈비 먹으러 갈래? 그거 먹어도 돼."
"아, 딱히 닭갈비가 당기는 건 아니고. 크레페나 먹을까……."
"그래, 좋아. 크레페 먹으러 갈까?"
"아, 몰라. 그냥 네가 말 꺼냈으니까 네가 정하면 안 돼?"

이 대화의 마지막 한 마디만 봐도, 이 인물이 어떤 사람인지

바로 감이 온다. 이 인물은 상대방의 입장을 잘 고려하지 못하고, 문제에 대해 남 탓만 할 가능성이 큰 타입이다. 먹는 것 하나까지 상대방이 내 마음에 들도록 결정해줘야 한다고 이야기하는 것은 의존성이 높다는 사실을 보여준다. 데이트 상대가 이런 말을 자주 한다면, 이 '썸'을 그만 타야 하는 것은 아닐까 고민해볼 이유가 충분하다 하겠다.

사차원들의 머릿속

"닭 먹고 싶으면, 닭 요리 하나 시킬까?"

"음…. 닭은 역시 오골계가 최곤데."

"그러니까 닭 먹고 싶냐고?"

"너 닭싸움 본 적 있어? 나 지난주에 시골 갔다가 봤거든."

종종 '사차원'이라 불리는 이들이 있다. 상대방이 묻는 말에 엉뚱한 대답을 하곤 하는 이들은 산만할 가능성이 크다. 좀 더 전문적으로 말하자면, '주의력 결핍 과잉행동장애Attention Deficit Hyperactivity Disorder, ADHD' 성향을 가졌다고 할 수 있다.

ADHD에 대해서는 나중에 자세히 말하겠지만, 이 성향이 있는 사람들은 자신의 생각에 한번 몰두하기 시작하면 거기서 헤어나오기가 힘들다. 특별히 다른 사람의 말을 무시할 생각이 있는 건 아니지만, 일단 자기의 생각이 시작되면 외부 상황이 당최 머릿속에 들어오질 않는 것이다.

이들은 서로 독립적으로 일할 경우 재미있고 독특한 사람이라는 평가를 받지만, 조직 생활을 하거나 공통의 목적을 가지고 팀으로 일할 때는 욕을 먹을 가능성이 크다. 이들이 조직에 무사히 몸담고 있다면, 아마도 다른 조직원들이 그의 문제점을 용납해주는 대신 아이디어맨 역할을 하는 그의 창의성을 인정해주기 때문일 것이다.

┌─ **숨은 심리 찾기** ─

• 상대방과 나의 대화가 연관성을 가진 채 잘 이어지고 있는가? 연관이 없다면, 상대방의 성격이 이기적이거나 상대방의 주의력에 문제가 있을 수 있다. 반대로 대화가 논리적으로 잘 연결된다면, 상대방은 배려심이 많거나 지적인 타입일 가능성이 크다.

그 사람은 어떤 단어에 집착할까
: 반복되는 말

이제 그 사람이 잘 쓰는 말이 무엇인지 유심히 들어본다. 지금까지 나온 여러 가지 요소 가운데, 이 부분이 가장 중요하다.

"지난번 일은 어떻게 됐어?"

"아, 그거? 멋지게 해냈지. 당당하게 호통쳤거든. 그랬더니 고분고분해지던데?"

"오, 그래? 걔 성격에 화는 안 내고?"

"네가 몰라서 그래. 걔가 의외로 멋이 없어. 순간순간 내 눈치를 본다는 걸 알겠더라니까?"

"야, 그래도 잘 해결돼서 다행이다. 네가 알아서 잘할 거라 생각은 했지만."

"멋진 놈. 날 믿어주는 건 너밖에 없다니깐."

사실 이런 대화는 예시를 들기가 참 힘들다. 수십 분 이상의 긴 대화 가운데 반복되는 인상적인 단어를 잡아내야 하기 때문이다.

위의 대화는 상대적으로 특징을 잡아내기가 쉬운 편이다. 어떤 말이 가장 인상적으로 들리는가? 두 번째 사람이 자신의 감정이나 타인에 대한 인상을 표현할 때 '멋'이라는 단어를 자주 사용한다는 것이 보일 것이다.

이 글만 가지고는 그가 왜 이 말을 자주 쓰는지 알 도리가 없다. 그렇지만 어떤 사람이 무의식중에 계속 같은 어휘를 반복해 사용한다면, 그 어휘는 틀림없이 그에게 중요한 의미라는 점을 짐작해볼 수 있을 것이다. 나아가 그 스스로 자신이 언제 '멋'이라는 말을 많이 쓰는지, 그 말을 할 때 어떤 느낌이 드는지 연상하다 보면, 그 단어가 자신에게 갖는 특별한 의미가 무엇인지 비로소 알 수 있을 것이다.

집착하는 단어에 속마음이 숨어 있다

"따님에게 고민이 많은 것 같습니다. 어머니께는 특별한 양육 방침이 있으신지요?"

"전 제 아이가 적어도 서울대 정도는 가야 한다고 생각해요.

주변을 둘러봐도 서울대 나온 사람들이 역시 잘살아요. 그 대학을 가려면 지금부터 공부를 열심히 해야겠죠."

"대학도 중요합니다만……. 구체적으로 말해서 아이와 여가를 어떻게 보내는가 하는 이야기를 해주시면 좋겠습니다."

"여가라…. 전 방학 때 아이를 캠프에 보내요. 각 학교에서 공부 좀 하는 애들이 모이는 캠프인데요. 아, 같이 가는 친구 부모들이 모두 서울대를 나왔죠. 그 집 아이도 참 머리가 좋은데. 지난 주말에는 신림동에 갔어요. 아이가 서울대 구경도 하고, 그곳 분위기도 익히면 좋을 것 같아서요."

이 사례 속의 어머니는 실제로 내가 보았던 사람 몇을 조합해 만든 가상의 인물이다. 그러나 거의 실존 인물에 가깝다.

대화를 시작한 지 30초도 못 되어 '서울대'라는 단어를 사용하기 시작한 이분은 최고를 표현할 때도, 자식 문제를 걱정할 때도, 사회 문제를 이야기할 때도, 자신의 과거를 표현할 때도 서울대라는 단어를 중심으로 설명을 이어갔다. 심지어 면담 중에 "주변을 둘러보면 서울대병에 걸린 것 같은 사람이 있더라고요"라는 말도 했는데, 정작 자신이 그 병에 걸린 줄은 잘 모르고 있는 듯했다.

이런 경우, 흔히들 사람들은 '짜증 난다' 혹은 '그 집 자식이 불쌍하다' 같은 생각을 하기 쉽다. 하지만 난 그 어머니가 불쌍하다는 생각이 들었다. 자신에게는 감추고 싶은 속마음이었을 텐데,

안타깝게도 세상 사람 모두가 그 마음을 보고 있다는 걸 정작 본인은 모르고 있으니 말이다. 그녀가 왜 그런 사람이 되었는지를 따지다 보면, 그 사람이 그렇게 살 수밖에 없도록 양육받고 성장한 배경이 보인다. 참으로 측은한 일이다.

이들은 왜 세상 사람들이 자신의 기대와 다르게 자신을 대하는 것인지 잘 이해하지 못한다. 자기 속마음이 만천하에 방송(?)되고 있기 때문에 그런 것인데 말이다. 사람들에게는 그의 속마음이 또렷이 보이니까 그에 맞게 상대하거나 피한 것뿐인데, 당사자는 의아한 느낌만 들 뿐이다. 자신에 대한 무지無知가 이토록 무섭다.

그런데 역으로 이런 생각이 들진 않은가?

'혹시 나도 그런 것 아니야? 나도 모르는 내 본심을 다른 사람들이 다 알진 않을까?'

이런 생각이 들면 갑자기 소름이 돋을 정도로 무서워진다. 끊임없이 자기를 돌아보고 성찰해야 하는 이유가 여기에 있다.

강렬한 표현을 쓰는 사람

다음을 보자. 이번에는 특정 단어를 자주 반복하는 것은 아니지만, 강한 인상을 남기는 단어를 쓰는 경우다.

"남자는 어때야 한다고 생각해요?"

"여자를 괴롭히지 말아야죠."

"여자는 어때야 한다고 생각해요?"

"말수가 좀 적어야죠."

이 대화는 짧지만 상당히 인상적이다. 여러분은 이 대화에서 대답하는 사람이 남자라고 생각하는가, 여자라고 생각하는가(아마도 여러분 중에는 저 짧은 말에 분노가 혹 올라오는 사람도 있을 것이다)? 말이 짧고 단호한데 성격이 단순하고 급한 성격의 소유자, 남녀에 대한 보수적인 관점을 전면에 내세운 것으로 보아 마초적인 남자를 상상하기 쉽겠다.

그러나 저 대화에서 대답하는 사람이 여자라면 어떨까? 이상적인 남성상을 묻는 질문에는 대개 '말이 잘 통해야 한다'거나 '책임감이 강하면 좋겠다' 등 긍정적인 이미지를 떠올리게 하는 대답을 모범 답안으로 생각하는 것이 맞다. 그런데 이 사람은 '여자를 괴롭히지 말아야' 한다고 대답했으므로, 이 사람의 머릿속에 그려진 일반적인 남성상은 '여자를 괴롭히는 사람'이다. 남자든 여자든 남성의 폭력성에 지쳐 있거나 그 경험에 사로잡혀 있을 가능성이 크다. 저렇게 즉답하는 경우, 보통 아버지나 형제 등 가족 내부의 남자에게서 만성적으로 스트레스를 받았을 수 있다.

이러한 추정이 맞다면, "여자는 어때야 한다고 생각해요?"란 질문에 대한 대답도 어머니나 자매와 관련 있을 가능성이 크다. 왠지 여자를 보호할 줄 모르는 남자와 모든 일에 따지고 드는 공격적인 여자 사이에서 지쳐버린 사람의 모습이 머리에 떠오르지 않는가.

"성격이 어떠세요?"
"좀 고압적이라는 말을 들어요."
"사람들하고는 잘 지내세요?"
"그쪽에서 잘만 해주면요."
"요즘 가장 즐거운 일이 뭐예요?"
"저녁에 TV 보는 거?"

20대 후반인 초등학교 교사와 나눈 대화이다. 일단 대답이 좀 우울하고 부정적이라는 느낌이 든다.

20대 후반 교사의 사회적 위치가 아주 높지는 않을 텐데 고압적이라는 평가를 받는다는 사실은, 그가 학생들에게 권위적인 선생님이라는 것을 의미한다. 그렇다면 이 사람은 학생들에게 인기가 없거나 다른 교사들과 교육관이 잘 맞지 않아 고민을 하고 있을지도 모른다.

사람들이 자기에게 잘만 해주면 잘 지낸다는 이야기는 현재 이 사람 주변에 적敵이 많음을 의미한다. 더구나 즐거운 일이 저녁에 퇴근해서 TV 보는 일이라는 대답에 이르면 학교에서의 생활이 무척 불행하다는 것을 알 수 있다. 어쩌면 학생들을 고압적으로 대했다가 주변으로부터 공격받았을 가능성도 있다. 이럴 때

넌지시 "요즘 학교에서 사고 좀 치셨나?" 하고 말하면 상대방은
화들짝 놀랄지도 모른다.

숨은 심리 찾기

• 상대방이 주로 쓰는 단어가 무엇인지 잡아낸 다음, 그 단어의 특성을 분
  석하라. 혹은 그 사람이 쓰는 단어 가운데 남들이 잘 쓰지 않는, 특별히
  강렬한 것이 있다면 이 역시 눈여겨보라. 말에는 그 사람의 사고방식이
  모두 녹아 있다.

No, But, I don't know
: 부정적인 말

말을 하다 보면 상대방이 이상하리만치 답답하게 느껴지거나, 대화가 꼬여 결국 싸우게 되거나, 항상 나만 나쁜 사람이 되는 경우가 있다. 그렇다면 상대방이 다음의 말을 사용하고 있지는 않은지 의심해보라.

"No." "But." "I don't know."

이 세 가지 말은 대화를 잘 안 풀리게 함으로써 관계를 어긋나게 만드는 주범이 되기도 하지만, 때때로 상대방의 공격을 받아낼 수 있는 만능 대처법이 되어주기도 한다. 이를 잘 사용하면 상대방을 함정에 빠뜨릴 수도 있는 것이다.

아니, 아니거든요?

"No"는 상대방의 말을 무조건 부정하고 보는 것이다. 무조건 "아닌데요?"만 남발하는 사람에게는 짜증이 날 게 뻔하다. 이때는 말할 것도 없이 공격적인 반응이 나올 것이다. 싸우자고 쓰는 말이니까. 하지만 아래 정도의 대화는 어떤가?

"오늘 날씨가 좋네요."
"오후에는 비 온대요."
"괜찮아요. 우산 가져왔는데요, 뭐."
"우리 둘이 쓸 수 있겠어요?"
"충분하죠. 팔짱 끼고 가면 돼요. 후후후."
"제가 팔이 좀 아픈데."

그럭저럭 시작하는 연인들 사이에서 흔하게 들을 수 있는 무난한 대화처럼 보인다. 하지만 후자 쪽이 좀 심드렁하다는 느낌을 준다. 위 대화에 생략된 말들을 넣어보자.

"오늘 날씨가 좋네요."
"(아니, 날씨는 좋지 않을걸?) 오후에는 비 온대요."
"괜찮아요. 우산 가져왔는데요, 뭐."
"(아니, 그 작은 우산 하나로는 비 못 막아.) 우리 둘이 쓸 수 있겠어요?"

"충분하죠. 팔짱 끼고 가면 돼요. 후후후."

"(아니, 우리가 그럴 사이는 아니잖아!) 제가 팔이 좀 아픈데."

사실은 반응 자체가 부정구문에 가깝다. 다만 부정적인 말이 안 보이게 숨어 있을 뿐이다. 부정적인 반응은 상대방을 금방 기분 상하게 하지는 않지만, 만나면 만날수록 어딘가 불편하다고 느끼는 관계로 만들어버린다. 이런 반응을 하는 사람은 정말 상대방이 마음에 들지 않아서가 아니라, 사람 자체가 부정적인 사고방식을 가져서 그런 경우가 흔하다. 자신은 진실만을 이야기한다고 생각하지만, 실제로는 모든 문제의 부정적인 면을 먼저 보는 타입인 것.

나 역시도 어릴 때 그런 경향이 강했는데(지금도 좀 그런 것 같지만), 정신과 레지던트로 들어간 첫해에 그에 대한 문제가 심각하다고 느낀 적이 있었다. 어떤 내담자에 대해 브리핑을 하던 중, "그래서 그 내담자는 어떻게 될 것 같아?"라는 질문을 받았다. 나는 평소에 하듯 전혀 거리낌 없이 "안 좋은 상태가 장기적으로 갈 것 같은데요"라고 대답을 했는데, 주변의 모든 의사들이 나를 이상하다는 표정으로 쳐다보았다. 왜 그렇게 생각하느냐는 것이다. 알고 보니 다른 사람들은 좋아질 가능성과 안 좋은 상태가 유지될 가능성을 반반 정도로 본다는 것이었다.

분명히 맞다고 생각하고 제시한 의견이었는데, 다른 사람들과 전혀 다른 의견이었다는 점에서 꽤나 충격을 받았다. 그 이후로는 일단 나의 판단을 믿지 않고, 먼저 정반대 방향에서 상황을 재고해보는 버릇이 생겼다.

그렇긴 한데요

"No"는 그나마 무난한 경우에 쓰는 말이다. 직접적으로 거절하는 것이기 때문에, 결론이 확실한 것이다. "But"은 그보다 훨씬 간접적이고 애매한데, 실제로 우리 주변에서 많이 볼 수 있는 어법 가운데 하나이다. 우리말로 치면 "근데요" 정도에 해당한다.

"술을 좀 줄이고 살을 빼셔야 할 것 같습니다. 오늘부터 산책이라도 한 시간 정도 해보시면 어떨까요?"

"근데요, 제가 무릎이 좀 안 좋거든요."

"무릎이 산책도 못 할 정도로 안 좋으신가요?"

"그 정도는 아닌데요. 그래도 안 좋긴 해요."

"그럼 낮에 30분 정도라도 집 주변 공원을 걸어주세요."

"근데요, 저희 집 근처 공원이 요즘 공사해요."

"그럼 병원 근처에 있는 ○○ 공원에 오시면 되겠네요. 병원도 오실 겸."

"근데요, 여기가 저희 집에서 조금 멀어요."

이 대화를 읽고 나면 "그래서 어쩌라고?"라는 말이 저절로 나온다. "근데요"라는 말을 많이 쓰는 사람치고 대답 길게 하는 사람 별로 없다. 변명이라고 할 수도 없는 수준의 짤막한 말을 남길 뿐, 정작 "근데요" 뒤에 이어지는 얘기는 상대방의 말을 부정하기 위한 장식품 정도에 불과하다.

이런 표현을 쓰는 사람을 정말 많이 보게 된다. 나조차도 내가 이런 말을 많이 쓰고 있진 않은지 곱씹어보며 항상 조심하는데도 불구하고, 정말 많이 쓰고 있더라는 거다.

이 말을 잘만(?) 활용하면 짜증을 아주 제대로 유발할 수 있다. 이 말을 쓰는 사람은 대부분 말투 자체는 매우 공손한데, 자신의 판단이나 결정은 거의 없으면서도 상대방의 의견을 살짝 묵살하는 한편 결국 상대방이 알아서 자신의 생각까지 일일이 만들어주기를 바라는 듯한 느낌을 상대방에게 전해준다. 그러니 대화를 하면 할수록 나도 모르게 피곤해질 수밖에.

잘 모르겠어요

내담자들 중에는 이 "근데요"라는 말을 수시로 쓰는 분들이 종종 있다. 그분들과 대화를 하다 보면 지치게 마련인데, 그럴 때쯤 "본인 의견을 명확히 해주셨으면 좋겠습니다. '근데요'를 좀 자제해주시고 자신의 의견을 확실하게 말씀해주세요."라고 말한다. 그럼 그다음 반응으로 나오는 것이 "I don't know"다.

"애가 도대체 말을 안 듣고 공부도 안 하고…. (약 5분 정도 이어지는 아이에 대한 불만) 대체 어떻게 생겨먹은 녀석인지 제 아빠를 닮아서 저러는 것 같기도 하고……."

"아이에 대한 이야기는 많이 들었으니, 이제 충분할 것 같습니다. 그보다는 어머니에 대한 이야기를 듣고 싶은데요. 어머니로서 아이에게 어떻게 해주어야 한다고 생각하세요?"

"……."

"…… 어머니?

"잘 모르겠는데요."

"아이의 문제점을 이렇게 많이 이야기해주신 걸 보면, 자신이 어떻게 해야 할지에 대해서도 한 번쯤 생각해보셨을 것 같은데요."

"그걸 몰라서 여기 온 건데요?"

"물론 잘 몰라서 오셨겠지만, 그래도 어머니로서 평소 이것저것 생각해보거나 노력해보신 것이 있지 않나요?"

"……. (가만히 의사를 쳐다본다.)"

인간이 할 수 있는 최고의 방어는 침묵이다. 하다못해 범죄자에게도 묵비권이라는 것이 있으니까. "모른다" "내가 능력이 없어서 그런다" 같은 말은 자기 자신을 합리화하는 최고의 무기다. 이런 말을 쓰면, 상대방은 금세 무력해진다.

문제는 "모르겠다"는 말이 진심인지 아닌지인데, 정말로 자신이 뭘 몰라서 궁금하다면 당연히 상대방에게 질문을 던질 것이다. 하지만 이런 경우, 대개 속마음은 다음과 같다.

'내가 문제 있는 건 알겠는데, 당신 말투가 기분 나빠.'

'실은 생각해본 적 없지만, 일단 당신에게 지기는 싫군.'

그 기분을 전혀 이해하지 못하겠다는 것은 아니다. 나만 해도, 너무 갑작스럽게 질문을 받거나 추궁을 당하면 머뭇거리면서 앞 사람만 보거나, 모르겠다는 말만 반복하는 경우가 많으니까. 문제는 자신의 감정을 빨리 추스르고 현재의 대화를 무난하게 넘기면 되는데, 상대방이 이어갈 말을 차단하다 보니 어색한 분위기가 점점 악화된다는 것이다. "그러고 보니, 제가 그런 걸 생각해본 적이 별로 없었네요" 정도의 대답만 해도 상당히 분위기가 자연스러워지는데 말이다.

왜 그런 대답을?

지금까지 살펴본 세 가지 응답법을 많이 사용하는 사람들은 두 가지 속마음을 가지고 있다. 하나는 절대 지고 싶지 않다는 것, 다른 하나는 누군가가 자신의 마음을 알게 될까 봐 무서워하고 있다는 것.

전자의 경우, 어릴 때부터 사람들에게 인정받지 못하고 살아왔을 가능성이 있다. 사회 내에서 자신의 가치를 발견하지 못하고 열등감에 빠진 사람은 상대방을 방어적으로 대하는 경우가 많다. 이들 문제의 핵심은 자존감의 저하이므로, 그 의도를 잘 읽어서 긍정해주고 좋은 점을 칭찬해주면 언젠가는 마음을 열게 되어 있다. 그게 좀 오래 걸리는 게 문제긴 하지만. 남의 의견을 잘 받아들이지 못하긴 해도 최소한 자신이 어떤 인간인지는 잘 드러내는 편이므로, 처음에는 좀 답답할지 몰라도 그 사람이 어떤 사람인지 파악한 다음 내가 먼저 마음을 열어 보이면 나중에 쉽게 친해질 수 있다.

그런데 후자의 경우에는 인간적으로 친해지기가 매우 힘들다. 이들은 혹시나 '상대방이 내 마음을 조금이라도 알게 되지 않을까' 하는 불안한 마음으로 전전긍긍하기 때문에, 이들과는 아주 일상적인 수박 겉핥기식의 대화 외에는 다른 이야기를 할 수가 없다. 이들은 대체로 사회에서 좋은 평판을 유지하는 편이다. 성실하다거나, 착하다거나, 사람 좋다거나 하는 칭찬은 온전히 이들의 것이다. 인생을 살면서 자기 나름대로 사회에 적응하는 기술을 터득했기 때문에 가능한 일인데, 꼭 자신의 마음을 표현하지 않더라도 항상 웃는 얼굴로 지내면 남들이 나에게 호감을 갖는다거나, 많은 사람과 웃고 즐기고 술 잘 마시면 사회적으로 좋은 평가를 받는다거나 하는 점을 이들은 잘 이용한다.

물론 조금만 예민한 사람이라면 이들이 인간적으로 중요한 부분에 무언가 빈틈이 있다는 사실을 눈치챌 수 있을 것이다. 이들과는 깊이 있는 주제를 가지고 대화를 나누거나 자신의 감정에 대해 솔직히 나누는 것이 잘 되지 않는다.

나를 열어 보이려는 마음가짐

이런 세 가지 어투를 가진 사람을 파악해내는 것도 중요하지만, 그 전에 먼저 내가 이 말들을 많이 사용하고 있지는 않은지 되돌아보고 가능하면 줄이기를 권한다. 심리를 아는 데 있어 가장 중요한 점은 자기 자신을 열어 보이려는 마음가짐이다. 분석하고 토의하고 의견을 나누다 보면, 결국 해결이 된다.

상대방의 말을 모두 튕겨내기만 하면 결국 고립될 수밖에 없고, 나중에는 자신의 틀 안에서만 살게 된다. 이런 이들은 자신의 사회적 지위, 종교적 구원, 아이의 양육, 자신의 지지자 같은 어떤 특정한 가치만을 믿고 살아가게 된다.

"다들 그렇지 않아? 그렇게 살면 또 어때, 죽을 때까지 행복하게 잘만 살던데"라고 할지도 모른다. 물론 평소 불조심을 하지 않아도 불은 잘 나지 않는다. 운이 좋아 자신이 쳐놓은 종교, 도덕, 사회적 가치의 벽이 계속 유지만 된다면, 죽을 때까지 그리 큰 불편을 느끼지 못하고 그저 인생 잘 살았다고 느낄 수도 있다. 평생을 오직 하나만 알고 살아왔다는 장인이나 신념의 사나이, 종교적으로 외골수인 사람들이 그에 해당한다.

문제는 자신을 단순하게 만들고 그 틀 안에서 모순 없는 안정을 누리다가 그 가치관에 도전하는 중요한 스트레스가 왔을 때, 굉장한 혼란이 올 수 있다는 점이다. 자녀를 지극한 정성으로 열심히 키워왔다고 생각했는데 그 아이가 큰 범죄를 저질러서 충격을 받고 실명한 어머니, 평생을 정직하게 살아왔다고 생각했는데 알고 보니 내가 한 일이 일종의 사기였다는 것을 알게 된 사장, 자식이 타종교를 믿게 된 것을 눈치챈 광신자. 이들은 자신에게 주어진 정신적인 도전을 무시하든가 아니면 자신이 여태까지 무엇을 잘못하고 살아왔나 반성을 하는 수밖에 없다. 자신이 모순된 상황에 놓인 것을 참지 못하고 그냥 극단적인 선택을 하는 이들도 있을 수 있다.

사족. 앞서 제시한 세 가지에서 발전된 타입이 있는데 바로 "Yes"다. 어떤 대화를 하든 웃으면서 "네"만 짧게 반복하는 타입인데, 이들은 부정적인 태도가 겉으로 드러나지 않고 상대방의 말을 잘 들어주는 것처럼 보인다. 그러나 이들은 대개 상대방의 말에 건성으로 고개를 끄덕일 뿐, 대화가 끝난 후에도 상호작용이나 행동의 변화가 없다. 더 발전된 형태의 방어적 태도인데, 구체적인 대답을 요구하면 다시 앞의 세 가지 말로 돌아간다.

┌─ 숨은 심리 찾기 ─

• 대화가 항상 내게 불편한 상황으로 흐른다면, 상대방이 교묘히 나를 거절하고 있는 것은 아닌지 살펴보자. 상대방이 곧잘 사용하는 말이 '부정No' '전환But' '무지I don't know'를 나타내는지 확인하라.

고차원적인 방어법 눈치채기
: 대화 패턴

앞서 언급한 부정적인 말 세 가지는 사실 많은 사람들이 쓰는 일종의 방어법이고, 좀 더 복잡한 방법으로 자신을 방어하는 고차원적인(?) 사람들도 있다. 이들은 말을 통해 자기 자신을 방어하는 것을 넘어, 상대방의 말과 행동을 본인이 원하는 대로 이끌어가곤 한다. 아래의 예를 한번 살펴보자.

"네가 잘못한 건지 알아, 몰라?"

"모른다, 왜!"

"……."

"네가 잘못한 건지 알아, 몰라?"라는 말은 상대방을 쥐구멍도 없는 벽으로 몰아세울 때나 쓰는 말이다. 이런 말을 쓰게 되면 상대방이 나를 물어뜯기 위해 덤빌 것이라는 사실도 예상해야 한다. 그렇지 않으면 노발대발하는 상대방을 어이가 없어서 멀뚱멀뚱 보고만 있는 나를 발견하게 될 것이다.

상대방의 선택권을 빼앗는 대화

이와 같은 패턴의 대화를 좀 더 매끄럽게 이어갈 수도 있다. 다음의 대화를 살펴보자.

"네가 잘못한 거야. 그건 분명 네 잘못이지."
"나도 알아. 하지만 말이야, 네가 먼저 시작한 거 아냐?"
"물론 나 때문에 문제가 생긴 건 인정해. 그렇다고 폭력을 쓴 건 분명 네 잘못이잖아?"

조금 더 수준이 높아졌다. 이 사람은 애초부터 상대방에게 선택의 권리를 주지 않는다. 상대방이 잘못했다고 밀고 나간다. 물론 이런 경우에도 소극적인 반항을 하게 된다.

그에 맞서 이 사람이 난 잘못한 게 없다고 우기면 대화의 격이 다시 떨어진다. 그러나 이 사람은 "물론 나 때문에 문제가 생긴 건 인정해"라고 말하며 일단 자신의 실수를 받아들인다. 따라서 상대방은 더 우기기가 곤란해진다.

그럼 이보다 한 단계 높은 대화는 어떨까?"

"응, 물론 알긴 알아. 하지만 말야…."
(말을 가로채며) "그럼 됐어. 난 네가 네 문제를 알고 있다는 걸
로 만족해. 나도 잘못한 게 있으니까 그건 사과할게."

이중적인 어법을 사용하고 있다. '너는 훌륭한 사람이기 때문
에 자신의 과오를 깨닫지 못할 리가 없다'라는 식으로 말하자, 상
대방은 이러지도 저러지도 못한다. 더구나 이 사람은 상대방의
반응이 나오자마자 반론을 펼 여지조차 주질 않는다. 곧장 자신
의 문제점을 인정하고 상대를 치켜세운다.

"응, 물론 알긴 알아. 하지만 말야…."
"그래 말해 봐."
"네가 먼저… (중략)"
(천천히 끄덕이며) "그럼 됐어. 난 네가 네 문제를 알고 있다는
걸로 만족해. 나도 잘못한 게 있으니까 그건 사과할게."

약간의 경청만으로도 훨씬 진실한 설득력이 생겼다. 이 정도
면 어법을 적절히 사용해서 상대방을 내가 원하는 방향으로 잘
이끌어갔다고 말할 수 있겠다.

대화는 일종의 게임

대화를 운용하는 방법은 너무나도 다양하기 때문에 일일이 열거하기가 곤란할 정도다. 대화는 일종의 게임과도 같다. 대화라는 게임에서 이기려면 이러한 전략들을 적절하게 효과적으로 사용해야 한다.

대화는 장기나 바둑과 비슷하다. 말로써 상대방의 공격을 효율적으로 받아낼 수도 있고, 방어하는 척하면서 갑자기 공격으로 수세를 변경하기도 한다. 방어만 하는 사람을 유혹해내기도 하고, 기회다 싶으면 총공격을 감행하기도 한다. 개인적으로는 공수가 동시에 이뤄지는 한 수, 나를 몇 수 희생해서 결국 상대방을 설득해내는 한 마디의 말을 매우 사랑한다. 나를 낮추고, 상대방이 졌다는 느낌도 들지 않게 하면서 결국 모두가 원하는 방안을 내놓는 사람은 이미 대화의 기술을 논할 단계가 아닐 것이다.

┌─ 숨은 심리 찾기 ─

• 대화는 일종의 게임이다. 대화를 할 때마다 밀린다거나 상대방의 페이스에 말리는 듯한 느낌이 든다면, 그와의 대화가 항상 똑같은 패턴으로 흘러가고 있지는 않은지 세심하게 관찰하라.
• 늘 같은 대화 패턴을 깨뜨리기 위해서는 평소 대화 시뮬레이션을 해보는 것이 좋다. 가상 대화를 하다 보면 할 수 있는 대화가 생각보다 훨씬 제한적이라는 것을 알 수 있다. 이를 통해 상대방의 반응을 예측해보자. 대화하기가 훨씬 편해질 것이다.

나만의 질문을 만들자
: 질문과 대답

가끔 방송에 출연했을 때 연예인 혹은 작가들로부터, 또는 주변 사람들로부터 꼭 받게 되는 질문이 있다.

"상대방의 성격을 한 방에 파악할 수 있는 질문 같은 거 없어요?"

이들이 기대하는 것은 이를테면 이런 테스트일 것이다.

"무인도에 갇혀 있는데, 바나나 하나를 발견했습니다. 당신은 어떻게 하겠습니까? 아, 바나나를 혼자 드셨군요. 당신에게는 이기적인 성향이 있거나 변태 기질이 있습니다."

듣기에는 꽤나 흥미롭고 간편한 이야기이지만, 사실 대부분의 정신과 의사들은 이런 질문을 받으면 무척 피곤해진다. 밑도 끝도 없는 심리 테스트가 만연하다 보니 누구나 간단하게 사람 성격을 파악할 수 있다고 생각하는데, 이런 문답들은 혈액형에 따라 성격을 구분하는 일보다도 의미가 없다. 혈액형과 성격 사이에는 실제로 아무런 관련이 없다는 것이 정설이라지만, 그래도 일반적인 인간의 성격을 구분지어 개개인의 문제점을 한 번쯤 되돌아보게 한다는 점에서는 일면 혈액형 테스트에 긍정적인 구석이 있다고 생각한다. 하지만 근본 없는 심리 테스트들은 논리적으로 '나는 이러한 사람이구나'라고 생각할 수 있는 여지 없이, 이해되지 않는 이상한 결론을 내려줄 뿐이다.

결과적으로 내가 하고 싶은 이야기는, 사람 마음을 아는 데 왕도란 없다는 것. 끝없는 관찰과 끊임없는 탐구심만이 사람 마음을 보는 정확한 눈을 키워준다는 사실이다.

첫 단추는 자연스러운 대화

상대방을 파악하는 긴 여정에서 가장 먼저 시작해야 할 일은 자연스럽게 이야기를 꺼내어 대화를 이어가는 것이다. 상대방의 말을 감상하듯이 듣고만 있는 것도 그의 마음을 불편하게 할 뿐이고, 쓸데없는 질문을 자꾸 해서 상대방의 경계심을 사는 것도 곤란한 일이다. 이때는 나 자신도 상대방과의 대화를 즐기고 있어야 한다. 더 정확히 말하자면, 상대를 파악해보겠다는 욕심을 부리지 말아야 한다.

그렇다고 해서 아무런 생각 없이 마냥 수다만 떨고 있어서도 안 된다. 머리 한편으로는 상대방의 반응 중에 독특하다고 느껴지는 특징을 하나하나 수집해 분석해야 하고, 자신의 행동이나 말 한마디, 한마디가 상대방에게 어떻게 보일지도 끊임없이 생각해야 한다.

상대방을 파악하기 위한 질문이 아무리 사소하고 쓸데없어 보이더라도 괜찮다. 어떤 주제라도 좋다. 다만 누구나 대답할 수 있는 일반적인 내용이어야 하고, 여러 사람에게 자주 물어보던 것이라 개인마다 대답에 어떤 차이와 공통점이 있는지를 알고 있어야 한다. 예를 들어보자.

"실례지만, 아버님 연세가 어떻게 되세요?"
"음…. 아 맞다, 예순 하나요. 올해 환갑이시거든요."

이 대화의 내용 자체에서는 별로 얻어낼 것이 없다. 하지만 어떤 사람은 자신이 아버지 연세를 제대로 알고 있지 않다는 점을 쑥스러워하면서 조심스럽게 말할 것이고, 어떤 사람은 그런 걸 내가 어떻게 아느냐는 투로 투덜거릴 수도 있다. 같은 질문을 적어도 열 명 이상에게 던져 보면 성격에 따라 아주 사소한 차이를 보인다는 것을 알 수 있다.

단도직입적으로 상대방의 속마음을 묻는 경우도 많다. 물론 상대방이 부담스럽지 않아야 한다. 대개는 자기 속마음을 잘 이야기하며, 감춘다 하더라도 자기 생각의 조각 정도는 꺼내어 보여주게 마련이다.

나만의 질문 만들기

상대방을 제대로 파악하려면, 나만의 특정 질문을 만드는 것이 중요하다. 내가 곧잘 던지는 질문은 이것이다.

"당신에게 꼭 이뤄졌으면 하는 꿈이 있다면?"

이는 다른 질문을 여러 개 던지다가 마지막에 가끔씩 던지는 것이다.

여러분이라면 이 질문을 들었을 때, 무엇이라고 대답하겠는 가? "돈이 많았으면 좋겠어"라고 한다면, 현재 여러분에게 가장 중요한 것은 돈이다. "가족이 건강하면 좋겠어"라고 한다면, 여러분은 가족의 건강에 신경을 쓰고 있는 것이다. "인간이 모두 이타적으로 살았으면 좋겠어"와 같이 이상적인 가치를 이야기하는 사람도 있을 텐데, 이들은 원래 인류애에 불타는 사람일 수도 있겠지만 평소 뜬구름 잡는 이야기를 한단 평가를 받을 가능성도 크다.

다음과 같은 질문도 의미가 있다.

"자신의 꿈을 이루기 위해 무엇을 하고 있나요?"

한 방송에서 모델이 되고 싶다고 말하는 어떤 여성에게 이 질문을 던진 적이 있다. 그녀는 제대로 대답하지 못했다. 자신이 꿈을 이루기 위해 어떤 노력도 기울이지 않고 있다는 사실을 인정하기는 힘든 노릇이다. 그녀는 '내 꿈은 모델이야'라고 생각하는 것 자체에서 큰 위안을 얻고, 스스로가 가치 있는 존재란 느낌을 받는 것이다. 그런 그녀에게 냉정하게 현실을 인식하라며 "당신

에게 모델이란 꿈은 진통제에 불과해. 실제로 당신은 그다지 모델이 되고 싶은 것도 아니지"라고 호통 치는 것은 상당히 잔인한 일이다.

나만의 특정 질문을 만들어보자. 나는 "당신에게 꼭 이뤄졌으면 하는 꿈이 있다면?"이란 질문을 무기로 쓰면서 여러 사람에게 던지다 보니, 이제 '이런 대답을 하는 사람은 대체로 저런 성향'이란 공식이 그려졌다. 꿈을 이루기 위해 자신이 어떤 노력을 기울이고 있는지 구체적으로 말하거나, 감정이 앞서서 자신이 하고 싶은 것만 계속 이야기한다거나, 줄곧 뜬구름 잡는 이야기만 할 뿐 현실적인 이야기는 하지 못하는 등 다양한 답변을 듣다 보면, 상대방의 사고 패턴이 어떤 식인지 대략 감을 잡을 수 있다. 같은 질문에 얼마나 다양한 대답이 나올 수 있는지 안다면, 아마 깜짝 놀랄 것이다.

┌─ **숨은 심리 찾기** ─

• 자신만의 특정 질문을 만들어 여러 사람들에게 반복적으로 물어본다. 사람들의 답변과 상대방 성격 간의 공통점과 차이점을 찾아본다.
• 상대방에게 직접적으로 속마음을 물어볼 수도 있다. 속마음을 보이기 싫어하는 사람이라도 최소한 자기 마음의 한 조각 정도는 보여준다.

그 남자, 그 여자의 결말

이제 앞서 시작했던 그 남자, 그 여자 이야기를 끝맺어보자.

어색해진 분위기를 무마하기 위해 다시 음악 이야기를 꺼내
보았다.

"브라질 음악 좋아하시나 봐요."

"아, 예. 가끔씩 들어요."

"저도 보사노바 정도는 듣는데……."

"보사노바 좋아하세요? 저는 비니시우스 지 모라이스Vinicius
de Moraes 정말 좋아해요!"

그녀의 얼굴에 활기가 돌아오기 시작했다.

"저는 그냥 뻔한 거, 조빔Antonio Carlos Jobim만 좀 들어요."

"어머, 조빔이 어떻게 뻔한 거예요. 최고지!"

이런 식으로만 대화가 이어진다면 더 바랄 게 없다. 다행히 나도 그녀의 관심사와 일치되는 것이 있고, 아마 어느 한쪽의 밑천이 떨어지지 않는 한 대화는 잘 흘러갈 것이다. 이 대화를 매개로 둘의 관계가 발전하게 될지도 모르지.

그런데 보통은 이런 식으로 대화가 잘 풀리지 않는다는 것을 여러분이나 나나 잘 안다. 이러한 만남의 결말은 대체로 다음과 같이 흘러가게 마련이다.

어색해진 분위기를 무마하기 위해 다시 음악 이야기를 꺼냈다.
"브라질 음악 좋아하시나 봐요."
"네, 약간요."
"저도 조빔 정도는 듣는데."
그녀는 갑자기 움츠러들며 조심스럽게 말한다.
"네? 저는 사람 이름까진 잘 몰라요."
"아, 그냥 보사노바 쪽에서 유명한 사람이에요."
"······."

위의 두 대화가 서로 다른 사람들이 나누는, 완전히 다른 사례라고 생각해선 안 된다. 똑같은 사람, 똑같은 상황에서도 위의 두 대화는 모두 일어날 가능성이 있다.

결론부터 이야기하자면, 이 만남의 상황을 만들어내면서 내가 설정한 그녀는 '내성적이고, 인간관계에 서툴고, 음악 좋아하고, 자신이 잘 모르는 이야기를 하면 황급히 움츠러들고, 자기 생각에 푹 빠져 있으며, 순간순간 돌출적인 생각이 들면 표현하고, 감정 변동이 심하고, 약간 우울증이 있어 보이는' 누군가였다(좀 더 전문적으로 말하자면 MBTI 성격 타입으로 볼 때 INFP Introversion-iNtuition-Feeling-Perceiving에 해당하고, 우울증 성향이 있으며, 자신을 잘 보이기 힘들어하는 성격군의 '회피성 인격'이나 남에게 자기를 과시하는 성격군의 '자기애성 인격'의 성향을 띠고 있다고 설명할 수 있다. 이 부분에 대한 자세한 설명은 2부에 등장한다).

이러한 부류의 사람들은 일단 새로 만나는 사람을 경계하는 편이어서 친해지기가 무척 힘들다. 게다가 대화를 해보면 기복이 심하다. 어떤 때는 상당히 이야기가 잘 되고 재미있다는 느낌을 주지만, 어떤 때는 예의가 없다 싶을 정도로 사람을 피하거나 말에 성의가 없다. 대개 예술, 심리 등의 분야에 종사하는 사람 중에 이런 부류가 많은데, 자신의 엉뚱한 상상력이 빛을 발하는 분야가 그쪽이기 때문이다.

이들은 기분이 좋을 때는 참 괜찮은 사람으로 보이며, 때때로 신비로운 분위기를 풍기기도 한다. 따라서 상당히 매력적일 수 있지만, 오래 사귀다 보면 대화가 잘 통하지 않거나 상대방이 세세한 것까지 다 챙겨주지 않으면 안 될 정도로 비현실적인 면도 많다. 위의 대화에 등장한 남자가 만약 그녀 성격의 매력적인 부분에 취하지 않고 이성을 지켜가며 그녀의 부족한 점을 보완해주고, 비현실적인 부분은 즐거운 상상력의 결과쯤으로 받아들일 수 있다면, 두 사람은 잘 어울릴 것이다. 글쎄, 그런 성격이라면 누구와도 찰떡궁합이 되겠지만.

2장

심리 읽기에 필요한 몇 가지 도구

내 사랑은 오직 어머니, 아버지
: 오이디푸스 콤플렉스

정신분석학의 창시자 지그문트 프로이트Sigmund Freud는 수많은 이론을 남겼다. 그중에서도 이 오이디푸스 콤플렉스Oedipus complex야말로 가장 대중적인 파급력도 컸고, 사람들에게 영감도 많이 주었던 이론일 것이다.

나는 중학생 시절에 프로이트의《정신분석입문Vorlesungen zur Einfuehrung in die Psychoanalyse》이란 책을 읽고 큰 충격을 받았던 기억이 있다(결코 책을 많이 읽는 아이가 아니었던 나는 별 생각 없이 잘난 척이나 해보자고 이 책을 사서 읽어봤던 것인데, 결국 그 선택이 내 평생 직업을 만들어버렸다). 그 책은 내게 '내가 알고 있는 것이 다가 아니다' '내가 아는 모든 것을 의심해야 한다'라는 사실을 강렬하게 주입시켰다.

프로이트 이론의 핵심

프로이트에 의하면 신경증은 주로 세 살에서 네 살 반 정도의 단계에 벌어지는 문제로 인해 발생한다. 세 살이 되면 자신의 생식기에서 쾌감을 느낄 수 있게 되는데, 이때 아들은 어머니에게 딸은 아버지에게 강한 애정을 가지게 된다는 것.

아들의 경우, 인생에서 맞는 첫 번째 사랑의 대상이 바로 어머니이다. 아들은 영원히 어머니의 사랑을 받길 원하지만 아버지가 있기 때문에 그것이 이룰 수 없는 소망인 것을 알게 된다. 따라서 아버지를 제거하고 싶은 욕구가 생겨나지만, 아버지가 자신에게 벌을 줄 것이라는 생각이 들면서 죄책감과 함께 자신의 생식기를 거세당할지도 모른다는 불안이 발생한다. 결국 어머니에 대한 성적 욕구를 포기하고 아버지와 자신을 동일시하게 된다. 이때 처벌하는 아버지의 역할은 그 아이의 도덕심이 된다.

딸의 경우, 어릴 때는 여자와 남자의 차이를 잘 모르지만, 남근의 존재를 알게 되면서 자신이 무언가 부족하다고 생각하고 남근을 선망하게 된다. 결국 아버지를 사랑하게 되면서 아버지의 아이를 가지고 싶은 욕구가 남근을 가지고 싶은 욕구를 대치하게 된다.

이 이론은 이제 100년이 지나면서 현대의 상식처럼 되고 말았는데, 그럼에도 이런 이야기를 처음 들어보는 사람도 있을 테고 이것이 어딘가 수상쩍은 이야기라고 생각하는 사람도 있을 것이다. 실제로 이 이론은 세월이 흐르면서 여러 파생 이론을 통해 수

정이 이뤄져 왔다. 그렇다고 해서 이 이론이 20세기 인류에 미친 강력한 영감이 퇴색되는 것은 아니다. 여기에 딱 들어맞는 전형적인 사람들이 우리 주변에 수없이 존재하기 때문이다.

바람둥이 남자, 수동적인 여자

남자 중에 지나치게 여자를 밝히는 이들이 있다. 치마 두른 존재만 보면 껄떡대는 그들은 하나같이 결혼해서 한 여자에게 정착하는 것에는 관심이 없고, 모든 여성이 자신의 외모나 육체적 매력에 반할 것이라고 과신한다. 이러한 남자들은 고생하는 어머니에 대한 아픈 추억을 가지고 있거나 홀어머니 밑에서 자랐기 때문에 어머니에 대한 집착을 가지고 있는 경우가 많다.

그렇다고 이들이 어머니에게 극진히 효도를 하는 타입도 아니다. 그보다는 자신이 관계하는 모든 여성들을 대할 때, 마치 자신의 어머니가 자기를 봐주듯 조건 없는 사랑을 베풀어주길 바라는 듯한 태도를 보인다. 혹은 여성을 성적인 대상으로 바라보는 것에 집착하면서 어머니에 대한 자신의 막대한 애정을 자제하려는 것처럼 보이기도 한다.

여자들 중 성격이 매우 강한 남자가 아니면 잘 만족을 느끼지 못하여, 유부남 혹은 소위 '나쁜 남자' 타입 같은 사랑해선 안 될 사람에게만 매력을 느끼는 이들이 있다. 이들은 카리스마 강한 엄격한 아버지 밑에서 성장한 경우가 많은데, 그 깊은 영향력에 지배되고 있다는 표현이 맞겠다. 아버지를 연상시키는 남자에게 애정을 느끼지만, 이는 진정한 사랑이 아니다. 따라서 남성과의 성적 관계가 원만하지 못하고, 아버지 느낌이 나는 사람과 같이 하는 것 자체에 만족하고, 중요한 의사결정의 순간에 이르면 수동적으로 따라가곤 한다.

처음 만난 사람이 유달리 싫을 때
: 대상관계 이론

대상관계 이론은 멜라니 클라인Melanie Klein, 오토 컨버그Otto F. Kernberg, 마거릿 말러Margaret S. Mahler 등 많은 이들이 주창하고 발전시켰던 이론으로, 그 내용이 상당히 어렵다. 여기에서는 두 가지 개념만 정리하고 넘어가려 한다. 바로 '전이transference' 와 '투사적 동일시projective identification'다.

이유 없이 그 사람이 밉다면

'전이'란 대상관계 이론에서 나온 개념은 아니지만 이 이론에서 더 중요하게 다뤄졌다. 전이는 원래 환자와 의사 사이에 벌어지는 감정의 상호작용을 설명하는 말이다.

상담이 시작되면 환자가 의사를 마치 자신이 아는 특정인 대하듯 할 때가 있다. 의사를 과거 자신에게 중요했던 사람이라고 착각하는 것이다. 반대로, 의사가 환자에게 개인적인 감정을 느끼게 되는 경우도 종종 생기는데, 이를 일컬어 '역전이counter transference'라고 한다.

관련 책을 보면 '전이 현상은 광범위한 관계에서 나타난다'라고 되어 있는데, 실제로 이 현상은 거의 모든 인간관계에 나타난다고 해도 무방할 정도로 흔하다. 이를테면 이런 식이다.

"두 번째 뵙네요. 지난번에 상담받으시고 아버지하고는 좀 편해지셨어요?"

"선생님, 그런데 아무리 생각해도요. 지난번에 선생님이 제 말하는 방식에도 문제가 있다고 하신 게, 너무……. 네, 너무 섭섭해요. 제가 아버지한테 얼마나 오래 상처받았는지 아시잖아요?"

"아, 제 얘기가 섭섭하셨어요?"

"당연하죠. 선생님은 절 잘 모르시겠지만, 제 친구들은 그렇게 말 안 해요. 그런데 저한테 문제가 있다니, 하…. 살다 살다 그런 말은 또 처음이네. 왜 멀쩡한 제가 이 황금 같은 시간에 선생님한테 그런 말을 듣고 있어야 하죠?"

그의 짜증은 한 시간 내내 이어졌다.

물론 내 말이 섭섭하게 들렸을 수도 있지만, 지금껏 두 번 만난 사이에 상대방에게 그러한 분노를 표출한 내담자 역시 그 태도가 적절하지는 않다.

그 사람이 내게 하는 짜증 섞인 말에는 두 가지 호칭이 등장하는데, 이 호칭들 즉 "선생님"을 "아버지"로 바꾸면 어떻게 될까? 그대로 평소 아버지에게 하고 싶었던 말이 될 수 있다. 이런 경우, 내담자는 자신에게 섭섭했던 아버지와 의사에 대한 감정을 혼동하는 것은 아닌지 탐색해볼 필요가 있다.

일상에서는 언제 이런 상황을 볼 수 있을까? 가장 간단한 방법은 이렇다. 평소 이상할 정도로 얄밉고 꼴 보기 싫은 사람을 떠올려보라. 냉정하게 생각하면, 그 사람이 그렇게까지 나쁜 짓을 한 것은 아니란 사실을 알 수 있을 것이다. 그런데도 이상하게 그 사람이 자꾸 밉다.

앞에서도 수없이 이야기했듯이 이런 모순점이 바로 우리가 놓치지 말아야 하는 포인트다. 조금만 잘 추리해보면, 마음에 안 드는 상대방과 내가 예전에 싫어했던 사람 사이에 무언가 연결점이 있다는 것을 알 수 있다.

나 역시 예전에 진료를 볼 때 이상할 정도로 미워 보이는 내담자가 있었다. 그가 간 뒤 곰곰이 생각해보니, 예전에 나와 매우 사이가 나빴던 상사의 얼굴 표정과 그 내담자의 얼굴 표정이 거의 유사하다는 것을 깨달을 수 있었다.

나도 모르게 역할극을

이러한 전이 현상이 조금 더 복잡해지면, 두 번째 개념 즉 '투사적 동일시'라 불리는 현상이 나타난다. 이 현상은 세 가지 순서로 나타난다.

- **1단계** A가 자신 혹은 상대방에 대한 선입견을 B에게 보이는, 일종의 전이 현상을 일으킨다.
- **2단계** B가 자신에게 투사된 선입견을 무의식적으로 받아들여, 자신이 마치 A가 전에 알던 그 사람인 양 행동한다.
- **3단계** A의 선입견이 B에 의해 처리, 변형되어 다시 A에게 돌아가고, 마침내 둘 사이에 관계의 양상이 변하게 된다.

좀 더 알기 쉽게 이야기하면 이렇다. 의사를 아버지로 느끼면서 화를 내는 내담자를 만났을 때, 그 내담자를 대하는 의사 역시 자신도 모르게 그의 아버지가 했던 것처럼 그를 꾸짖거나 그에게 변명하게 된다는 것이다.

이 과정에서 서로 간에 부정적인 감정과 대응이 오가게 되는데, 전혀 다른 사람끼리 부자간의 역할극을 열심히 하고 나서 의사는 내담자를 매우 예의 없는 사람으로 여기게 되고, 내담자는 의사를 자신의 아버지처럼 무정하고 비겁한 사람으로 확신하게 된다. 당연히 상담은 실패한다. 상담이 끝난 후 가만히 생각해보면, '내가 왜 그랬지?' 하는 생각이 스멀스멀 피어나면서 후회가 밀려

오게 마련이다.

상대방의 반응은 모두 내 탓?

우리는 누군가가 나에게 반응을 할 때 그가 일방적으로 나에게 어떤 행동을 하고 있다고 여기기보다는 서로 간에 상호작용이 일어나고 있다고 생각해야 한다. 상대방이 내가 미워서 자꾸 괴롭히고 있는 것 같다거나 나를 우습게 보고 무시하는 투로 말하는 것 같다는 생각이 들 때, 사실은 그 사람에게 정말 문제가 있는 게 아니라 내가 그런 행동을 유도하고 있을 수도 있음을 기억해야 한다. 쉽게 말해, 상대방의 반응은 내 탓일 수도 있다는 것이다.

이러한 원리가 가장 잘 적용되는 사람들은 갈등이 심각해 병원을 찾은 부부들이다. 부부 상담을 해보면 사람이 똑같은 사건을 두고도 얼마나 서로 이기적인 관점으로 그것을 다르게 바라보는지 알 수 있다.

두 사람을 따로 불러서 이야기를 들어보면 완전히 다른 집안 이야기를 듣고 있는 듯하다. 이쪽에서 상대방의 자극에 좋게 반응해주거나 상대방의 반응에 어느 정도 무심하면 될 일 같은데도, 이를 절대 인정하지 않고 서로의 탓만 하고 있는 경우가 대부분이다. 그러다 보니 이쪽이 살짝 건드리면 상대방이 그에 대해 꼬투리를 잡고, 그 꼬투리에 불을 지피고, 불에 풀무질을 하고 기름을 부어서 큰일을 만든 다음, 서로가 자신을 못살게 군다고만 생각한다. 상대방의 도발에 반응하지 않은 채 평온하게 일관된 모습만 보인다면, 절대 싸움이 확대될 리 없는데 말이다.

사람들이 나를 못살게 군다고 느껴질 때는 상대방의 탓을 하기 전에 이런 생각도 한번 해보자.

"내가 상대방이 나를 괴롭히는 행동을 유발하고 있는 건 아닐까? 어떤 말, 태도, 행동을 바꾸어야 할까?"

'나 잘난 맛'에 산다
: 자기 심리학

하인즈 코헛Heinz Kohut의 심리학은 자존감과 많은 관련이 있다. 개인적으로는 프로이트, 융, 말러 같은 사람들의 이론에 비해 매력이 좀 부족하다는 생각이다. 어찌 보면 당연한 이야기를 하는 것 같아서다. 하지만 정신과 의사로 한 해, 두 해 일을 하다 보니 매력적인 이론보다는 실생활에서 중요하게 쓸 수 있는 개념이 더욱 소중하게 느껴진다.

그는 인간에게서 두 가지 전이의 개념을 발견했다. 바로 '반사전이mirror transference'와 '이상화 전이idealizing transference'라는 것인데, 이러한 전이들이 잘못된 양육으로 인해 제대로 해결되지 않으면 특정한 발달 시기에 정신적인 성장이 멈추고 집착이 강해진다고 한다.

반사 전이와 이상화 전이

반사 전이라는 것은 아이가 어머니를 향해 행동을 보였을 때 어머니가 거울처럼 반응해주고 공감해주어서 아이가 스스로 만족스러운 감정, 즉 자존감을 형성하게 되는 것을 말한다. 이상화 전이란 상대방을 전지전능한 사람으로 여기는 감정으로, 부모를 위대하고 이상적인 인물로 느껴서 내가 따라야 할 모범으로 여기는 것을 말한다.

반사 전이와 이상화 전이는 서로 조화를 이루어야 한다. 자신을 사랑하는 마음과 상대방을 사랑하는 마음이 균형을 이루어야 한다는 것이다. 자기가 대단하고 완벽한 사람이라는 인식이 생기면서 만족을 얻고, 자신보다 훨씬 우월한 부모를 보면서 도전해야 할 목표를 세워야 한다. 이 두 가지가 조화를 이루어 재능과 목표가 적절하게 균형을 잡게 되면, 바르게 성장할 수 있다. 하지만 둘 중 하나만 제대로 되질 않아도 사람은 공허해진다.

만약 반사 전이는 잘 이뤄졌으나 이상화 전이가 제대로 이뤄지지 않았다면? 자기가 대단한 줄만 알고 본받아야 할 대상은 없다고 생각할 것이므로, 결국 세상에 무서운 게 없는 인간이 되고 만다. 반대로, 이상화 전이는 잘 이뤄졌으나 반사 전이가 이루어지지 않았다면? 세상에 자기보다 나은 사람만 가득할 뿐 자신이 괜찮은 사람이라는 생각은 들지 않을 것이므로, 항상 자신감 없이 눈치만 보는 사람이 되어버린다.

'나는 괜찮은 사람'이란 생각

사람의 삶에서 가장 중요한 심리적 요소를 하나만 고르라면 나는 주저 없이 '나 잘난 맛'이라고 할 것이다. 바꿔 말해, '자존감'이라고 할 수도 있고, '나르시시즘Narcissism'이라고 할 수도 있다.

자기는 괜찮은 사람이라고 생각하고 싶은 감정, 이것이 별것 아니라고 생각하는가? 아니다. 사람이란 단 한 순간이라도 스스로가 부족하다는 느낌을 받으면 엄청난 고통을 맛보는 존재다. 나에 대한 사소한 지적에도 미간은 찌푸려지기 일쑤이며, 약간의 패배감에도 며칠간 고민하게 되는 것이다. 난 그렇지 않다고? 그것은 당신이 단단히 믿고 있는 무언가로 방어벽을 만들어놨기 때문이다.

어린 시절, '나는 참 괜찮은 아이'라는 최소한의 믿음도 갖지 못한 아이가 과연 어떤 사람으로 자라날까? 연쇄살인범이 잡힐 때마다 TV나 신문에서는 그의 어린 시절이 얼마나 불행했는지를 대서특필하곤 한다. 당연한 일이다. 내가 만나는 수많은 정신과 환자들, 심지어 나 자신조차도 어린 시절의 콤플렉스가 아직까지 마음 깊숙이 사무쳐 있음을 느낀다.

조현병 환자는 현실 검증력에 문제를 가지고 있는 이들이다. 그들은 왜 미국이 첩보위성으로 자신을 감시하고 있다거나, 걸그룹 소녀들이 자신을 짝사랑하고 있을 것이라는 망상을 품는 것일까? 아무리 생각해도 말이 안 되는 그런 이야기를 왜 스스로 믿는 것일까? 최근에야 깨달은 사실이지만, 인간이란 거짓말을 해서라도 자신이 괜찮은 사람임을 믿고 싶어 하는 존재인 것 같다. 그러한 증거가 별로 없는데도 불구하고, 사람은 무슨 수를 써서라도 자신이 가치 있는 사람이라는 사실을 절규에 가까울 정도로 외치고 다니는 것이다.

사람 성격에도 극성이 있다
: 융의 인격 분류

내가 좋아하는, 정확히 말하면 좋아했던 심리학자 융Carl Gustav Jung의 분석 심리 이론. 이 양반의 이론은 드넓고도 드넓어서 모두 다루기는 벅차고, 인격 분류에 대해서만 좀 설명하려 한다.

융은 세 가지 측면에서 인간의 성격에 극성이 있다고 했는데, 이를 네 가지로 바꿔 더 정교하게 만든 것이 요즘 흔히 쓰이는 MBTI 검사이다. 예전 방송에서 간단하게 성격을 분류할 때도 이 검사를 많이 참조했다.

MBTI란 무엇인가
네 가지의 특성은 그 사람이 각각 어느 쪽에 관심이 있는지를 묻는 '외향Extraversion-내향Introversion', 무엇을 인식하는가를 묻는 '감각Sensing-직관iNtuition', 어떻게 판단하는가를 묻는 '사고Thinking-감정Feeling', 어떠한 생활양식을 가지고 있는가를 묻는 '판단Judgement-인식Perceiving'으로 이뤄진다.

첫 번째로 외향E-내향I. 명칭에서 드러나듯 흔히 '내성적' '외향적'이라며 성격을 이야기할 때 하는 말들이 바로 여기서 나온 것으로, 이를 측정하기 위해 외부 활동이나 눈에 보이는 것 등에 관심이 있는지, 자기 내부의 사고나 생각, 신중한 이해 등에 관심이 있는지를 묻는다.

두 번째는 감각S-직관N. 현재의 경험이나 실재하는 것을 감각하려 하는지, 미래의 가능성이나 전체적인 맥락을 보려 하는지를 묻는다.

세 번째는 사고T-감정F. 원리원칙을 생각해서 지적으로 판단하는지, 느낌이나 순간적인 판단을 더 중요하게 생각해서 행동하는지를 묻는다.

네 번째는 판단J-인식P. 정리정돈하고 계획하는 것을 중요하게 생각하는지, 상황에 따라 융통성을 보이며 목적을 변화시킬 수 있는지, 즉 개방성이 있는지를 묻는다.

MBTI는 이러한 각각의 네 가지 항목을 조합하여 사람을 열여섯 가지 유형으로 나눈 검사이다. 아주 대표적인 성격 유형을 몇 가지만 살펴보겠다.

대표적인 성격 유형

ESTJ(외향-감각-사고-판단) 타입의 사람은 외향적이고, 실재에 관심이 있고, 사고를 중요시하며, 정확한 판단을 내리려 하는 특성을 드러낸다. 어떤 사람이겠는가? 왠지 활달한 사업가가 연상되지 않는가? 정반대 타입인 INFP(내향-직관-감정-인식)의 경우에는 내성적이고, 눈에 보이지 않는 것을 생각하며, 감정을 중요시하고, 매사에 융통성이 있다. 열정적인 사업가와 양극단에 놓여 있는 타입, 그러니까 몽상가 스타일이다. 이들은 이상적인 세계를 꿈꾸는 낭만주의자이다.

여기서 P(인식) 하나만 바꿔보자. INFJ(내향-직관-감정-판단)는 어떨까? 내성적이고, 눈에 보이지 않는 것을 생각하고, 감정을 중요시하는 데 반해, 계획하고 실행하는 것을 좋아한다. INFP와는 하나만 다를 뿐인데 갑자기 행동력이 생긴 느낌이다. 이들은 자신이 품었던 이상을 실천하려고 드는 예언자형이라 할 수 있는데, 정신세계가 풍부하고 강한 직관력으로 타인에게 정신적인 영향을 미치는 타입이다.

이들과 정반대되는 타입인 ESTP(외향-감각-사고-인식)는 어떤 사람일까? 외향적이고, 실재를 중요시하고, 사고하는 데 융통성이 있다. 이들은 활동적으로 살아가며 사람에 대해 관대하고 선입견이 없다. 사회생활을 상당히 잘 해내는 사람이다. 다만 추상적인 개념에 대해서만큼은 별로 흥미가 없다.

예전 라디오 프로그램에서 많은 가수들을 검사해본 결과, 흔히 보였던 타입은 ESFP(외향-감각-감정-인식), ENFP(외향-직관-감정-인식), INFP(내향-직관-감정-인식)형이었다. 각각 시시때때로 분위기를 고조시킬 줄 아는 사교적인 타입, 상상력이 풍부해서 새로운 일을 좋아하는 타입, 앞서 이야기했던 몽상가 타입이다. 거의 모든 사람이 감정형F이었고, 대개는 융통성 있는P 타입이었다. 노래를 부르는 사람으로서 감정이 우세한 건 당연한 일이고, 대중 가수임을 생각하면 음악을 할 때 원칙에 그다지 집착하지 않는 편일 테니 융통성 있는 타입이 나왔던 것도 충분히 이해가 가는 부분이다. 뚜렷한 경향이라면, 댄스 가수들은 대체로 외향적인 경우가 많았고, 아티스트 성향이 강하고 내성적인 가수들은 INFP 타입이 많았다는 사실이다.

심리 검사는 점괘가 아니다

MBTI 정식 검사는 검사지를 구입해 직접 해보고 전문 과정을 마친 사람에게 해석을 듣는 것이 원칙이나, 실제로는 관련 서적도 많이 나와 있고 인터넷에 관련 자료도 많이 올라와 있어서 얼마든지 자가 테스트를 해볼 수 있다. 검사의 신뢰성에 대해서는 다소 논쟁적인 부분이 있다. 당연하다. 융도 말했듯이 어떤 사람은 자신의 열등한 성향을 깨닫고 끊임없는 노력으로 극복하기도 하고, 어떤 사람은 자신이 되고 싶은 상태와 현재 상태를 착각하기도 하니까. 항상 일관된 결과가 나오는 검사라고 볼 수는 없는

108

것이다.

이를 혈액형으로 보는 성격 테스트처럼 적혀 있는 대로 맹신하기보다는, 오랜 기간을 들여 자신의 성향을 이해하는 도구라 생각하고 접근했으면 한다. 심리 검사란 믿거나 말거나 식의 점괘가 아니라 그 내용을 토대로 자신을 파악할 수 있는 도구이다. 자신이 알고 있는 내용 혹은 그럴듯해 보이는 내용만 보여주는 심리 검사는 차라리 안 하느니만 못 하다.

PART 2

심리 퍼즐
맞추기

3장

관심에
목마른 사람들

"내가 누군 줄 알아?"
: 처음부터 명령하듯 대하는 사람

성질 좀 있기로 유명한 거래처의 박 상무를 만나게 되었다. 발소리까지 낮춰가며 조용히 사무실에 들어갔다.

"안녕하십니까, 이명식이라고 합니다."

슬쩍 한 번 쳐다보더니 읽던 책으로 눈을 돌리며, 무심하게 말을 건넨다.

"누가 보냈나?"

"네, 민 상무님께서 상품 샘플을 소개해드리라고 해서 왔습니다."

"자네 직함이 뭐야?"

"아, 대리입니다만."

"대리를 보냈다, 하!"

이거 뭐야? 상당히 예의 없는 사람이다. 어휴, 그래도 중요한 인물이라고 하니 잘 보여야겠지.

"제가 이 상품 개발에 참여했기 때문에 상품 설명을 가장 잘 할 수 있는 사람이라 선택된 것 같습니다. 혹 기분 상하셨다면 죄송합니다."

"아니, 자네한테 뭐라는 건 아니야. 적어도 이번에는 더 권한이 있는 사람, 책임질 수 있는 사람이 와야 하는 것 아닌가 하는 생각이 드는군. 내가 어떤 사람인가? 사실상 이 회사의 대표 아닌가? 내가 이 회사를 움직이고 있는데 말이야."

"네, 저도 잘 알고 있습니다."

"알고 있어? 알긴 뭘 알아! 안다면 자네가 감히 여기 오지도 못했겠지."

이 사람 미친 거 아냐? 초면에 좀 심하지 않나? 나한테 뭔가 기분이 상해서 이러나? 아니, 뭘 바라는 게 있어서 그러는 건가?

"내 말 잘 듣게. 이런 기회 흔치 않아. 이번 일의 취지는 이런 거야. (…) 따라서 자네 회사에서 단가를 많이 낮춰야 할걸세."

"네, 잘 알겠습니다. 생각해보겠습니다."

"생각? 자네 생각을 묻는 게 아냐! 회사에 가서 의논해봐. 하고 싶으면 하는 거고 말고 싶으면 마는 거지, 뭐."

얘기를 마치고 그 방을 빠져나왔다. 내가 할 일은 상품 설명을 하고 분위기만 살짝 살피고 오는 거였는데 완전히 상대방의 페이스에 말린 느낌이다. 마치 내가 어린아이가 된 것 같은 기분이 든다. 그나저나 이거 이제 어쩌나… 단가를 낮추지 않으면 아예 대화를 시작도 않겠다는 식이니. 골치 아프다.

정도의 차이는 있겠지만 주변에서 흔히 볼 수 있는 타입으로, 초면부터 모든 사람을 장악하려 드는 이들이다(내가 참 싫어하는 사람들이긴 한데, 주변에서 나도 이런 타입이라고 한다. 후후). 실제로 이들은 높은 위치에 있는 경우가 많다. 약간의 무례함을 무릅쓰고라도 상대방을 제압하려 하기 때문에, 보통 조직 내외에서 상당한 장악력을 가지고 있다.

물론 기본적인 예의도 지키지 못하는 사람이라면 결국 조직에서 밀려나고 말겠지만, 이런 사람들은 자기보다 확실히 윗사람이라고 생각되면 깍듯하게 대하고 자신보다 아랫사람이라고 생각되면 소통의 여지를 두지 않는 편이어서 비교적 조직에 잘 적응하는 편이다. 다만 아랫사람을 볼 때 자신의 명령을 잘 받아들이면 좋은 사람이라 여기고, 잘 받아들이지 않으면 능력 없는 사람으로 취급하는 경향이 있을 뿐이다.

그 사람의 마음속으로 한걸음
정말 불편한 사람들이다. 흔히들 얘기하는 '기氣가 센 사람'이 여기에 해당된다. 인간이라는 존재가 참 독특해서 어떤 사람이 확신을 가지고 우기면, 그것이 진실이건 착각이건 일단 먹힌다.

물론 언젠가는 진실이 밝혀질 테지만 그 순간만은 그 근거 없는 자신감이 통한다. 내가 만약 잘 만든 뻔뻔한 가면을 얼굴에 뒤집어쓴 뒤, 그럴듯하게 거만한 사람을 연기한다면 사람들은 나를 어떻게 대할까? 대개 처음에는 나에게 고개를 숙일 것이다. 내가 얼굴에 칼자국을 하나 새기고 팔다리에 문신을 잔뜩 넣은 채 돌아다닌다면? 십중팔구 나를 슬슬 피할 것이다(물론 그러다가 정말로 그쪽 분들과 잘못 만나면 큰코다치겠지만).

타인에 대한 도전적인 태도는 두 가지 조건이 있어야 완성된다. 더는 지고 살 수 없다는 절박감 그리고 타인의 감정 따위는 이해할 필요가 없다는 단순함.

이런 사람들은 뇌 기질적 특성이 선행할 수 있다. 소시오패스 sociopath로 일컬어지는 사람들도 이 연장선에 있는데, 이들은 모두 타인에 대한 공감 기능이 좋지 못하다는 게 핵심적인 성격 특성이다. 공감이란 타인의 행동을 보며 자신의 유사한 감정을 기억해 타인의 감정을 파악하는 기능이라고 볼 수 있는데, 둔감한 만큼 타인을 공격함에 있어 주저함이 적다.

그러나 이런 뇌를 가진 사람이 무감각하고 잔인한 사람이라는 편견은 잘못된 것이다. 사람마다 무감각한 정도에 차이도 있고, 안정된 양육과 교육을 받고 자라난 사람은 사회에 적응이 잘 되어 있는 데다 공격성 자체도 적다. 오히려 현실에서 더 많이 보게 되는 타입은 공감 기능을 가지고 있음에도 분노로 항상 자신을 정당화시키는 이들, 교육의 부재로 복종과 지배 외에는 대인관계

방식을 잘 모르는 이들이다.

　자존감은 인간에게 매우 필수적인 요소인 만큼 이와 관련해 다양한 유형들이 존재한다. 성장 과정이 너무 고달팠던 나머지 생존만이 유일한 삶의 원칙이 되어 남을 착취하지 않으면 자신이 죽는다고 생각하는 이들도 있다. 부모의 무조건적인 방임으로 인해 사람을 항상 하대하는 버릇이 든 사람도 있다. "나한테 화낸 사람은 네가 처음이야"라고 말하는 드라마 속 재벌 2세처럼 타인을 존중하는 경험이 적은 이들은 교육하기도 쉽지가 않다. 부모나 주변의 적절한 인정을 받지 못해 열등감이 항상 바닥인 타입도 있는데, 이들은 부모가 인정을 해주더라도 더 나은 사람이 되어야 한다고 계속해서 스스로에게 암시를 걸기도 한다. 이들의 마음속 깊은 곳에는 최고가 되어야만 한다는 절박감이 숨어 있다.

　어릴 때 이런 조건에 놓였던 사람이라 하더라도 올바른 교육을 받고, 자기 자신을 되돌아볼 수 있는 기회나 인도해줄 사람을 만났다면 박 상무처럼 고압적인 사람은 되지 않았겠지만, 미성숙한 상태로 고착된 경우에는 그야말로 벽창호가 따로 없는 답답한 사람이 되어버린다.

　이러한 부류를 파악하기란 그리 어려운 일이 아니다. 상대방이 너무 도도하고 거만하다는 느낌이 들면, 일단 그가 자신감이 지나친 부류라고 생각하면 된다. 이들을 상대하려면 나도 그들 이상으로 기가 세지 않으면 안 된다. 물론 똑같이 강한 스타일끼리 만나면 서로 불편하다. 쌈닭들을 붙여놓아 보라. 처음에는 눈치를 잔뜩 보다가 결국 서열을 결정하기 위해 싸움을 벌이는 것이 수순이다. 그러니 이들을 대할 때는 강한 수탉한테 강한 암탉을 붙이는 느낌으로 접근해야 한다. 성품은 온화하지만 의견이 뚜렷해 어설프게 제압되지 않는 사람이라는 인상을 주면서도, 그렇다고 경쟁 상대나 공격 대상으로 보여서는 안 된다.

이 사람은 무슨 타입?

앞선 이야기 속 박 상무는 '자기애성 인격'의 특성을 가지고 있다. 그중에서도 무감각형, 즉 타인의 감정에 무감각한 스타일에 상당 부분 해당된다. 이들의 특징을 살펴보면 다음과 같다.

- 자신의 중요성에 대해 과도한 자부심을 가지고 있다. 자신의 성취와 능력을 과장하길 좋아하고 특별대우를 기대한다.
- 무한한 성공, 권력, 아름다움, 이상적 사랑 같은 공상에 몰두한다. 세계 정복을 꿈꾸는 악당들은 하나같이 나르시시즘에 빠져 있고, 부하들이 죽든 말든 명령밖에 내리지 않으며, 실패한 부하에게는 가혹한 처벌을 내린다. 성공과 권력을 꿈꾸는 사람은 하나같이 그 모양이다.
- 자신의 문제는 특별해서 높은 지위의 사람만이 이해할 수 있다고 생각한다. 따라서 자신과 비슷한 위치에 있는 사람의 말은 들으려고도 하지 않는다. 군대나 회사에서 한참 상급 지위

에 있는 사람 혹은 사회적으로 압도적인 권위를 가진 사람이
아닌 이상 이들을 회유하기란 정말 힘든 일이다.
- 과도한 숭배를 요구한다. 많은 사람들이 자신을 존경하기를
  바란다. 실제로 존경받을 만한 일을 하는 경우도 많다.
- 자신에게 특별한 자격이 있다고 생각한다. 잘못을 저지르고
  나서도 스스로 자신에게 그 일을 할 만한 권리가 있었다고 믿
  는다.
- 대인관계가 착취적이다. 자신의 목적을 달성하기 위해 타인을
  이용한다.
- 타인의 느낌이나 요구를 인식하려 하지 않는다. 사실 이것이
  가장 큰 문제인데, 다른 사람의 자존심이 짓밟히거나 기분이
  상하는 것을 거의 인식, 아니 느끼지 못한다.
- 다른 사람들이 자신을 비난하면 부러워서라거나 시기해서 그
  런 거라고 생각해버린다. 이런 경향은 보통 사람들 대부분에
  게서 발견되는 것이긴 하지만.
- 두말할 필요 없이 오만하고 건방지다.

나는 이러한 예에 해당하는 사람으로 예전에는 만화《슬램덩
크》의 주인공 강백호를 예로 들곤 했다. 만화에서야 고등학교 1학
년이니 건방져봤자 '귀여운 고딩'에 불과하지만, 사실 강백호는
위의 기준에 정확히 일치하는 인물이다. 그는 항상 자신이 천재
이고, 주장이나 감독이 아니면 감히 자신에게 이래라저래라 할

수 없으며(고등학교 2학년 송태섭이나 3학년 정대만, 안경 선배쯤은 우습지도 않다. 실제로 선배를 이렇게 우습게 보는 1학년을 상상해보라. 과연 순순히 졸업할 수 있겠는가), 항상 소연이와의 이상적인 사랑을 꿈꾼다. 게다가 관객들이 자기에게 열광해주기를 노골적으로 원하며, 다른 선수들이 자신을 비난하면 시기해서 그러는 거라고 착각한다. 친구들과는 잘 지내는 것처럼 보이지만 한번 화가 나면 친구고 뭐고 패버리기 일쑤다(현실에서는 이럴 경우 결코 친분을 유지할 수 없을 것이다). 무엇보다도 단순하다.

《슬램덩크》가 참 괜찮은 작품인 이유는 그런 문제투성이인 청소년을 단순하게 캐릭터로 이용하는 것을 넘어 그 녀석이 어떻게 건강한 경쟁의식과 자기 주체성을 가지게 되는지, 그 과정을 건전하고 흥미진진하게 그려나가기 때문이다. 만약 강백호가 건방진 성격을 끝까지 고수한 채 해피엔딩으로 끝났다면, 글쎄 그 박진감 넘치는 스토리도 그저 그런 느낌 아니었을까?

어떤 면에서 보면 강백호는 참으로 행복한 녀석이다. 그는 어릴 때부터 충분한 인정을 받지 못하고 불안정하게 성장한 것처럼 그려지는데, 그렇기 때문에 이들을 상대할 때는 기본적으로 애정을 갖고 있어야 한다. 그런데 문제는 이들이 자신보다 아주 강한 사람이 아니고서는 웬만해선 굴복하지 않는다는 사실이다. 애정 넘치고 부드럽지만 강한 사람. 이 세상 도를 다 깨우친 사람이 아니고서야 이들을 교정할 수 없다는 얘기가 되는데, 강백호는 정말 운 좋게도 그런 사람들을 모두 만나게 된다.

강하기로는 채치수 주장을 넘을 수 없다. 부드럽고 온화하기로는 안경 선배만 한 사람이 없다. 이 만화에서 둘 중 한 명만 있었다면 과연 강백호가 순순히 따라왔겠는지 생각해보라.

이 두 사람의 이미지는 바로 '젊은 시절에는 악마, 나이가 들어서는 부처'라 불리는 감독에 이르러 서로 합쳐진다. 감독은 처음에는 대단할 것 없는 뚱뚱한 할아버지 정도로 등장하지만, 사람들을 사로잡는 카리스마와 끝없는 포용력으로 강백호가 자신의 영향력 안에 있을 수밖에 없도록 만든다. 이러한 존재야말로 자기애성 인격을 고치는 데 절대적으로 필요한 인물이다.

그 외에도 강백호 주변에는 그를 도와주는 인물들이 넘쳐난다. 어떠한 일이 있어도 철없는 백호를 도와주는 의리 있는 친구들, 백호가 무서워서 다들 피하는데도 약간 맹해서 그 무서움을 모르는 귀여운 소연이, 건방지기 짝이 없지만 각각 자신이 최고라 믿고 백호를 지도하는 나름 포용력 있는 선배들.

여기서만 그쳤다면 참 밋밋한 이야기가 되었을 텐데, 빼놓을 수 없는 인물이 한 명 더 나온다. 바로 서태웅이다. 오냐 오냐 칭찬만 해주는 사람이 다가 아니다. 더 발전하고 싶다는 마음이 들도록 동기부여를 해주는 경쟁자가 없다면, 사람은 자기만족만 하며 살아가는 게으름뱅이가 될 것이다. 서태웅처럼 타협하지 않는 동기가 있었기에 강백호는 이기고 싶다는 열망, 열심히 하면 이길 수 있을 것이라는 희망을 품게 된다. 물론 그것도 부담되지 않을 정도의 수준이어야 한다. 그 팀 1학년에 서태웅 같은 존재가

2~3명 더 있었다고 생각해보자. 강백호처럼 성격 급한 초보자가 과연 붙어 있을 수 있었을까?

비슷한 타입의 사람들1

사람에 따라 이런 유형과 같은 부류지만, 조금씩 다른 타입들도 존재한다. 다음과 같은 경우가 그렇다. 기본적인 성격은 그렇게 차이 나지 않음에도 그에 대한 사람들의 평가는 완전히 달라진다. 어떻게 생각하면 다음과 같은 사람은 '일반적인 사람의 시선에서 보자면' 아주 훌륭한 인물일 수도 있다.

김 교수님을 만나 뵈러 가는 길이다. 교수님은 항상 웃으시고, 상대에게 열심이며, 정말 겸손하시다. 아랫사람들을 잘 이끌어주시고, 조언도 아끼지 않으신다. 기분 좋은 마음으로 사무실 문을 연다.

"아, 교수님 회의 들어가셨는데요."

그냥 교수실에서 기다릴까 싶었지만 한시라도 빨리 인사를 드리고 싶은 생각에 회의실 앞을 찾아가 기웃거린다. 마침 안에서 이야기하는 소리가 들린다.

"이번에 제가 학회에서 그 결과를 발표하려고 합니다."

"김 교수, 도대체 왜 그래? 그 결과는 말이 안 된다고 몇 번을 얘기했어?"

"교수님들도 제 말을 잘 이해하지 못하시는 거 아닙니까. 이번 결과는 제가 3년간 쭉 지켜봐왔던 것이고 지난번에도 말씀드렸듯이 제가 미국의 제임스 교수와 같이 일할 때도 인정받던 이야기였어요. 미국에서 해왔던 연구 결과에 비춰보면…."

갑자기 교수들이 너도 나도 한 마디씩 하기 시작한다.

"아니, 당신만 미국 갔다 왔어?"

"김 교수! 자네가 나보다 연구 많이 했나?"

분위기가 심상치 않다. 가장 나이 많은 교수가 말을 꺼낸다.

"전부터 김 교수 말하는 걸 가만히 들어보면 말이야. 김교수는 늘 자기가 아는 게 최고로 많고 다른 사람들은 다 몰라서 그런다는 식이더군."

"……."

"그런 식으로 자기주장만 하려면 회의가 무슨 소용이 있나. 혼자서 하면 되지."

아무래도 분위기가 좋지 않다. 나는 재빨리 김 교수님 방으로 돌아갔다. 좀 있다가 김 교수님이 방으로 돌아오셨다. 예의 그 밝은 얼굴.

"아, 왔나? 어떻게 지냈어?"

"교수님, 지난번에 시키신 일 다해서 가져왔는데요. 아직 마치지 못한 부분이 좀 있습니다. 조금만 알려주시면 제가 마저 하겠습니다."

"어휴, 그럴 필요 없어. 나머지는 내가 알아서 할 테니 앉아서 차나 한잔하라고."

"아, 오늘은 제가 급한 일이 있어서요. 그럼 먼저 일어나 보
겠습니다."

혼란스럽다. 이렇게 아랫사람 잘 챙겨주고 착한 분을 왜 교
수 회의에서는 건방지고 버릇없는 사람 취급했을까? 김 교수님
이 워낙 능력도 좋고 성격도 좋아서 다들 질투하는 게 아닐까?
아까 가장 빈정거리던 서 교수님은 평소 학생들에게 짜증 잘 내
기로 유명한 분인데.

위에서 말한 김 교수를 보고 주변의 누군가를 연상하는 사람
이 있을지도 모르겠다. 유명한 사람 중에는 비슷한 성격을 가진
이들이 많으니까. 미리 밝히자면, 이 케이스는 나의 경험을 바탕
으로 한 것이다. 이분을 보고 당황하는 학생이 나라고 할 수 있다.
김 교수는 내가 어릴 때 무척 존경하던 분이었다. 성품으로나 학
식으로나 능력으로나 빠지는 것 하나 없던 대단한 분이어서 늘
많은 걸 배우고 싶다는 생각을 했었다.

그런데 시간이 흐를수록 뒤에서 들리는 이야기는 내가 보아온
교수님 이미지와 정반대였다. 아랫사람에게는 그렇게 성실하고
잘 하지만, 막상 자기와 비슷한 위치의 사람이나 윗사람과는 잘
지내지 못한다는 소문이 무성했다. 문제는 스스로에 대한 과신.
어떤 문제를 논할 때 자기가 틀렸다는 것을 절대 인정하지 않고
끝까지 싸울 뿐 아니라, 자신에게 틀린 것을 지적해주는 사람과

는 위아래를 막론하고 사이가 좋지 못했다. 워낙 능력이 출중하고 똑똑하다는 걸 인정받으며 살아온 사람이라, 자신이 남보다 못할 수도 있다는 사실을 절대 받아들일 수 없는 것이었다.

이분은 결국 높은 자리까지 올라가게 되었는데 그럴수록 문제가 불거졌다. 어지간한 윗사람이 아니고서는 이분의 고집을 꺾을 사람이 없었다. 결국 그 사회에서 거의 왕따 취급을 받는 지경에까지 이르렀다고 들었다. 게다가 인정받기 위해 점점 무모한 도전을 하기 시작하여 주변 사람이나 자신을 믿고 따르는 사람들에게 피해를 입히는 일도 생겼다.

참 당황스러웠다. 지금도 그분은 아랫사람들에게 많은 존경을 받는다. 여전히 아랫사람들이나 자신을 존경하는 이들에게는 정말 관대하고 좋은 분이다. 그러나 그분이 하고 있는 일을 잘 아는 사람들은 모두 다 "저건 아닌데" 하며 염려한다. 다만 이분의 문제라는 것이 상당히 전문적인 부분에서 드러나는 것이라 소수의 사람 외에는 이해하지 못할 뿐이다.

나는 이분의 인생을 바라보며 인간의 무지에 대해 슬픔마저 느꼈다. 어쨌든 어린 시절 존경하던 분이 아닌가. 안타깝게도 정신적으로 가장 중요한 부분, 즉 '자기 자신을 안다'는 측면에서는 아무런 능력이 없는 분인 것이다. 머리, 육체, 성격 모든 면에서 축복받았지만 심리적 통찰이라는 가장 핵심적인 축복은 받지 못한 셈.

이분은 앞으로 정해진 인생을 살아가게 될 것이다. 항상 자신이 주류로부터 인정받지 못한다는 피해의식을 가진 채 괴로워하며, 자신을 추종하는 사람들에게서 안정을 얻을 것이다. 언젠가는 나이가 들어 더는 싸울 사람 없는 높은 위치에까지 오르게 될 텐데, 그때야 비로소 진정한 안정을 취하게 될지도 모를 일이다.

그러나 어디 인간의 자리에 최고라는 게 있겠는가. 아마 그때도 이분은 자신에게 다가오는 수많은 도전들과 싸우면서 자신이 완벽한 인간임을 증명하려 애쓸 것이다.

만약 이러한 이들이 스스로가 완벽하지 못하다는 사실, 아니 어쩌면 상당히 좀스럽고 불안한 인간이라는 사실과 맞닥뜨리는 순간 어떻게 될까? 평생을 쌓아온 자신의 이미지가 거짓이라는 사실을 깨닫는다면? 그것은 곧 존재의 붕괴를 의미한다. 실은 그 불안함이 인간 존재의 본질인데도 이들은 그 사실을 전혀 알지 못한다.

그럼 이런 사람들을 도대체 어떻게 알아볼 수 있을까? 간단하다. 일단 이들은 '너무' 사람이 멋있거나 괜찮다. 소위 '간지'가 난다거나 잘생겼다거나 하는 이야기가 아니라, 사람이 참 선해 보일 때가 많다. 처음 보는데 이상하게 존경심이 마구 솟구쳐 오른다면, 집에 가는 길에 조금 의심해보라. 불경에 "길에서 부처를 만나면 죽여라"라는 말을, 나는 이런 뜻으로 해석한다. 생각해보라. 길에서 부처를 만날 리가 없지 않은가.

사람이 천사로 보인다면 무언가 잘못된 것이다. 인간이 천사인 척하고 있다면 분명히 어디에선가는 악마가 되어 있을 것이다. 완벽할 정도로 상대방에게 잘한다면 그 많은 에너지를 사람 대하는 데 사용하고 있다는 얘기가 되는데, 개인적인 상황에서나 내가 보지 못하는 곳에서는 그만큼의 에너지를 사용하지 못할 것이 분명하다. 아마 이들은 다른 곳에 구멍이 크게 나 있을 것이다.

그렇다면 도대체 괜찮은 사람은 어디에 있단 말인가? 착한 사람은 다 이상한 사람으로 보고, "너야말로 이상한 놈 아냐?" 이렇게 묻는다면 음, 그럴지도 모른다. 내가 아주 나쁘고 이상한 놈이 아닌가 하는 생각도 많이 한다.

그럴 때마다 내 마음에 드는 괜찮은 사람들을 생각하곤 한다. 예의 바르고 상대방을 잘 배려하면서도 자기 자신이 왜 그렇게 행동하는지, 자기 자신의 한계는 무엇인지 생각하는 사람들이다. 자신이 천사도 악마도 아닌 이중적인 존재임을 스스로 잘 알고 있으면서 끊임없이 갈등하는 존재들은 모두 사랑스럽다.

비슷한 타입의 사람들2

다음의 타입을 한번 보자. 앞서 등장한 교수님의 변형 정도로 볼 수 있다. 같은 문제를 가지고 있지만 겉보기에는 전혀 다른 사람들이다.

경문이 형은 약간 마른 체격에 좀 신경질적으로 보이는 사람이다. 그다지 말이 없고 모임에 오면 항상 뒷자리에 조용히 앉아 있다. 그러다가도 가끔씩 상당히 날카로운 말을 던지기 때문에, 사람들로 하여금 존재감을 느끼게 만드는 면이 있다. 쿨하고 멋진 사나이라고나 할까.

그 형과 어쩌다 술을 마시게 되었다. 어느 정도 취하고 나서 내가 말을 걸었다.

"형은 참 멋진 것 같아요. 과묵하고, 생각도 깊어 보이고, 남들 눈도 별로 신경 쓰지 않는 것 같아요."

"훗. 넌 내가 그렇게 보이냐?"

"네. 우리 과에 형 멋있다고 좋아하는 여자애들도 몇이나 있어요."

"솔직히 말하면 나 되게 지질한 놈이야. 내가 얼마나 딴 사람 신경 쓰는지 모르지?"

"정말이에요?"

"… 나 실은 사람들 눈치 엄청 봐. 사람들이 나 싫어할까 봐."

"에이, 안 그럴 거 같은데요?"

"네가 그렇게 말해주니까 하는 얘긴데, 난 다른 사람들이 나에 대해 안 좋은 말을 하면 심하게 상처받아. 왜 지난번에 과 모임에서 기준이하고 나하고 약간 말싸움했잖아. 그 녀석이 내가 틀렸다고 하는 바람에 사흘이나 잠을 못 잤어."

음, 그때? 말싸움도 아니었던 것 같은데, 기준이 형이 무슨 의견을 냈던 것도 같고. 아무튼 이렇게 괜찮아 보이는 형에게도 그런 면이 있었구나.

"그 새끼. 그거. 나 우습게 보는 놈이야. 전부터 그랬어. 내가 말하면 어딘가 비웃는 눈초리였고. 예리하달까? 아냐, 아냐. 그 놈은 사람을 좀 우습게 봐. 그 새끼 언젠가…."

말하다 말고 갑자기 분하다는 듯 눈을 번뜩인다.

이런 타입도 꽤 자주 보이는 편이다. 사실은 나도 많이 찔린다. 이들도 자기애성 인격의 특성을 가지고 있는데, 위에서 말한 무감각형보다는 과민형에 가깝다. 남들이 자신을 어떻게 생각하는지에 민감해서 오히려 타인에게 관심이 많다. 부끄러움을 많이 타고 자신을 숨기려 드는데, 이것만 보면 그다지 문제라고 여겨지지는 않는다.

문제는 자신이 대단하게 보였으면 하는 소망은 엄청나게 크지만, 그러한 소망을 부끄럽게 여기고 다른 사람들이 알아서 그 점을 이야기해주기를 기대한다는 데 있다. 만약 타인의 반응이 좋지 못하면 심한 좌절감을 느끼면서 상대방이 자신에게 비판적이라고 확신한다. 연말 모임에 참석은 하지만, 뒤편에서 쿨한 척 말없이 서서 은밀하게 상대방을 훑으며 자신에게 관심을 가져줄 때까지 기다리는 타입이라고나 할까. 이들에게는 다음과 같은 특징이 있다.

- 타인의 반응에 매우 민감하다.
- 스스로를 억제하고, 부끄러워하며, 자기를 내세우지 않으려고

한다.

- 자신보다 타인에게 주의를 기울인다.
- 관심의 초점이 되는 것을 피한다.
- 경멸이나 비난의 증거를 찾기 위해 타인의 말에 주의 깊게 귀를 기울인다.
- 쉽사리 상처를 받고, 모욕감을 느낀다.

이들을 대할 때 처음에는 괜찮다는 느낌을 갖는 것이 보통이다. 그런데 조금만 가까이 지내보면 생각 외로 예민할 뿐 아니라, 자존심이 상하면 공격적으로 나오는 것에 놀라게 된다. 나는 별로 말이 없고 어딘가 냉소적인 분위기를 풍기는 사람을 만날 경우, 이 스타일이 아닌가 생각하며 조심한다. 멋모르고 너무 친한 척하면서 상대방에게 내 얘기를 많이 떠들다 보면 이 사람은 나에게 호감은커녕 적대감을 느낄지도 모르기 때문이다.

너무 골치 아프게 생각하는 것 아니냐고? 맞다. 그럴 수도 있다. 그냥 단순히 말이 좀 없고 조용한 사람일 수도 있다. 이런 것까지 다 조심하면서 살고 있는 사람이야말로 민감형 자기애성 인격에 해당되는지도 모른다. 더 골치 아프다고? 너무 섬세한 것까지 따지지는 말자.

대체 어떻게 대해야 할까

이 책을 쓰면서 사실은 고민을 좀 했다. 나야 정신과 의사니까 이들을 고치는 방법에 대해서만 배워왔고 또 생각해왔다. 그런데 그건 내 입장이고, 일반인들은 상대방을 굳이 고치려들 필요는 없지 않은가. 비난하고 싸우고 혹은 피해버려도 전혀 상관없다. 그런 의미에서 상대방을 고쳐주는 법보다는 원만하게 대처하는 법 위주로 설명을 할 생각이다.

자, 이들을 어떻게 다루어야 할까? 간단하다. 좀 심하다 싶으면 당장 피하라! 피해! 당신이 감당할 수 있는 사람이 아니야!

뒤에서 나올 많은 성격들에 대한 대처법으로도 대개 이렇게 말할 수밖에 없다. 성격 문제가 심한 이들은 사회에서 사람들을 몰고 다니는 경우가 많다. 말 그대로 '성격이 세기' 때문에, 주로 높은 지위를 가진 사람, 매력적인 연예인, 강렬한 예술인 등에서 이런 유형이 많이 나타나는 것이다.

처음에 이런 사람을 보면 상당히 매력적이어서 나도 모르게 끌려 깊은 관계를 맺게 되곤 한다. 그러나 그가 어떤 사람인지, 내가 감당할 수 있는 인물인지 아닌지 정도는 판단을 하고 만나야 한다. 상대방이 도대체 어떤 성격을 가지고 있는지 머릿속에 그려지지 않는다면 조심해야 한다. 속에 무언가가, 짐작도 할 수 없는 무언가가 들어앉은 사람일 수도 있으니까.

맨 처음 예로 든 박 상무의 경우, 대하기 무척이나 힘든 사람이라는 점만큼은 확실하다. 나는 성격이 고압적이고 강한 사람

밑에서 일해본 적이 없었다가 한 번 그런 사람을 만난 적이 있는데, 무척이나 견디기 힘들었다. 윗사람에게는 일단 복종해야 한다고 생각하는 편이라(날 아는 사람들은 아니라고 하겠으나) 눈치를 상당히 많이 보았던 기억이 난다.

그런데 나중에 그 사람을 정말 잘 다루는 이를 보게 되었다. 엄청난 충격이었다. 저렇게 까다롭고 변덕스러운 사람을 어떻게 잘 상대할 수 있는 거지?

비밀은 바로 '당당함'이었다. 그에게는 윗사람이라고 해서 쉽게 고개 숙이거나 눈치 보는 태도가 없었다. 물론 가진 것도 없이 고개만 빳빳하다면 진작 호되게 혼나고 끝났을 것이다. 일단 처음에는 위에서 요구하는 조건을 순순히, 그것도 매우 재빠르게 들어주는 것이 중요하다.

"그 정도 지시야 얼마든지, 하하하!"

이들은 상대방에게 약간 무리한 일을 시키고 그로써 자신의 우위를 재확인하는 타입이라서 자신의 지시가 쉽게 처리되면 일단 상대방을 인정한다.

그다음은? 이제부터는 당당한 태도가 중요하다. 알고 보면 나는 능력도 있고, 인맥도 좋은 데다, 아는 것도 많다는 티를 팍팍 내는 여유로움. 그러면서 상대방을 마치 몇 살 많은 형을 대하듯 편안하게 대하면 그 역시 부드러워진다. 결국 자신감이 강해야 맞설 수 있다는 얘기가 된다. 상대방의 마음이 순간순간 변하는 것을 잘 지켜보면서 기분이 나쁘면 살짝 피하거나 칭찬 좀 해주고, 기분이 좋아지면 그렇게 살지 좀 말라고 한마디씩 해주는 것도 좋다.

어쨌거나 무례한 이들을 잘 다루려면 그에 맞설 수 있는 자아를 소유하고 있거나, 탁월한 대인관계 기술이 필요하다. 말이 쉽지, 나도 상당한 에너지를 들여야 간신히 상대할 수 있어서 일상에서는 이들을 만나면 피하는 게 고작이다. 그러나 우리가 곧잘 마주하는 사람들은 심각한 수준이 아니라, 오만하다고 해도 약간 건방지거나 잘난 척하거나 하는 정도에 불과하다. 이들을 다루는 자세는 기본적으로 앞서 말한 《슬램덩크》의 강백호 대하듯 하는 것이 원칙이다. 항상 온화하고 자상하게 대하면서 그의 장점을 찾아주어야 한다.

그렇다고 해서 약한 모습을 보여선 절대 안 된다. 오랜 세월 동안 산전수전을 다 겪은 듯한 내공이 엿보여야 한다. '일관성'이라는 개념이 적절할 듯한데, 내가 '무언가 있는 자'라는 것을 상대방이 느끼게끔 끝까지 일관된 언행을 보여야 한다. 이들은 여태 자신이 해왔던 타인을 조종하는 기술이 소용없다는 것을 느끼고 내가 모르는 다른 차원의 강인함이 있다는 사실을 깨닫게 되면 나름의 겸손함을 배운다.

정말 문제가 되는 건 두 번째 예에 등장한 김 교수 같은 사람들이다. 이러한 사람은 능력도 확실하고, 논리도 완벽하다. 이들은 상대방이 자신보다 엄청나게 높은 사회적 위치와 정신적 깊이가 있는 사람이라는 판단이 들지 않으면, 상대방의 말에 콧방귀도 꺼지 않는다. 게다가 문제라고 해봐야 30대가 넘어서 조금씩 드러나는 정도라 교정하기도 힘들다. 이들의 사회적 영향력도 무시할 수 없다.

그나마 이들에게 기대할 수 있는 건 이성이다. 자신이 이성적인 사람이라는 점만큼은 스스로도 인지하고 있는 편이므로, 애정을 가지고 논리적으로 접근하면 비교적 말이 잘 통할 수 있다. 물론 진정으로 행동을 바꾸기는 힘들겠지만.

만약 이런 사람들이 왜 교정되기가 쉽지 않은지 궁금하다면 자기 자신을 돌아보기 바란다. 내가 잘못했다고 인정하기가 얼마나 힘들었는지, 그때는 내가 정말 옳았다고 생각한 일을 반성하게 되는 데 얼마나 걸렸는지, 나보다 힘이 약한 사람 입장을 얼마나 고려했는지. 몇 년, 아니 수십 년 걸리는 일이라는 것을 잘 안다면 당신은 사람을 잘 이해하는 사람이다.

"주인공은 바로 나라고!"
: 늘 대화의 중심이어야 하는 사람

내가 이번에 가입한 재즈 동호회는 나름대로 꽤나 수준 있다는 평가를 듣는다. 오늘은 처음으로 오프라인 모임에 참석하기로 한 날. 다들 전문가 뺨칠 정도로 지식도 많고 열성적이어서 상당히 즐거운 대화를 하게 될 것 같다.

"안녕하세요! 반갑습니다."

와글와글 열 명이 모였다. 남자가 일곱 명, 여자가 세 명. 평소 재즈에 대한 이야기라면 열심인 사람들이라 그리 낯설지가 않다. 서로 대충 소개를 하고 나니 온라인에서처럼 음악에 대한 이야기가 자연스럽게 흘러나왔다.

"몽크님이세요? 전 마일스예요. 안녕하세요?"

"안녕하세요? 이쪽은 상드예요. 서로 인사하시죠."

온라인상의 아이디를 부르며 인사를 나누는 게 조금 어색했지만 상드라는 여자 회원을 본 순간, 생각은 다른 쪽으로 튀었다. 처음부터 눈에 딱 들어오는 미인인 데다 언변도 무척 화려하다. 그녀는 전에도 이 모임에 자주 나온 모양이다. 남자들이 온통 그녀를 중심으로 대화를 하고 싶어 한다는 느낌을 받았다.

"왜 지난번에 말씀하신 마일스 데이비스Miles Davis 박스 세트 앨범 새로 나오는 거 그거 구하신다더니……."

"어머, 저 그거 샀어요."

다행히도 우리 대화에 그녀가 참여해준다.

"그 앨범 정말 멋져요. 뭐랄까, 마일스의 일생을 모두 관통하는 것만 같은 느낌. 녹음한 곡들 중에서도 참 괜찮은 것만 모아놨더라고요."

허공을 흐릿하게 쳐다보며 마치 꿈꾸듯 말한다. 오! 순간 내 마음이 살짝 들뜬다.

"마일스 데이비스 좋아하셨죠."

"네. 아주 좋아해요."

"전성기 때의 미발표곡들이 대부분 수록되어 있다던데요."

"그런가요? 하여간 참 아름다운 음악들이에요."

"저도 살까 고민해봐야겠군요."

그녀가 갑자기 고개를 돌린다.

"앗! 지미 스미스Jimmy Smith의 그 앨범, 정말 좋지 않아요?"

옆 사람들이 지미 스미스 이야기를 하자, 상드는 그쪽으로 갑자기 몸을 돌려 반응한다.

대화가 어느 정도 무르익었다. 확실히 상드는 여주인공의 느낌이다. 말도 많고 아는 것도 많아 보이지만, 무엇보다도 음악에 대한 말 한 마디, 한 마디가 다채롭다.

이쪽 몇 명이 셀로니어스 몽크Thelonious Monk에 대한 얘기를 한참 하고 있는데 상드가 끼어들었다.

"지난달에 미국에 가서 키스 자렛Keith Jarrett 트리오 공연 봤어요."

여기저기서 "오오!" 하는 감탄사와 함께 "정말요? 부럽다"는 말이 터져 나왔다.

"저 그때 무대 뒤에서 멤버들을 직접 보기까지 했어요."

"키스 자렛, 되게 까칠하다던데 어떻게 봤어요?"

"그냥 무대 뒤쪽으로 돌아가서 나올 때까지 기다리니까 나오던데요? 드러머하고 대화도 했어요."

"잭 드조네트Jack DeJohnette하고요? 무슨 얘기했어요?"

"뭐 그냥 음악 멋졌다, 고맙다 같은 얘기. 사람 참 좋더라고요. 키스 자렛은 까칠한 것까진 잘 모르겠는데, 저한테 미소도 짓고 말도 많이 걸어줬어요."

내가 잡지 기사에서 읽은 바로는 그들이 일개 관객에게 신경써줄 타입이 아닌데.

다른 사람이 얘기를 꺼냈다.

"이번에 나온 잭 드조네트 솔로 앨범도 참 괜찮았죠."

"맞아요. 저도 상당히 마음에 들어서 열심히 들었어요."

"아, 마일스님도? 저도 좋았는데……."

다들 나와 비슷한 느낌을 받았는지 다른 이야기로 화제가 넘어간다. 상드가 말했다.

"저 지난번 미국 갔을 때는 친구가 조슈아 레드맨Joshua Redman과 안다면서 소개해줬어요!"

오! 또다시 모두가 열광적인 분위기로 답한다.

"아니 어떻게요? 어떻게 만났어요?"

"자기 사무실에 지금 와 있다고, 빨리 오라고 해서 갔더니요……."

확실히 상드가 이 모임의 여왕이었구나. 그녀는 어느새 모든 대화의 중심이 되어 있었다.

그 사람의 마음속으로 한걸음

'온라인상의 아이디는 그 사람의 인격을 반영한다'는 말을 믿는가? 물론 신빙성이 좀 부족하다고 하는 사람도 있겠지만, 나는 아이디 하나에도 그 사람에 대해 꽤 유용한 정보가 담겨 있다고 본다. 인터넷 아이디가 센스 듬뿍 담긴 재미있는 명칭이라면 최소한 그 사람의 위트 정도는 확인할 수 있지 않겠는가? 그래서인지 나는 자신의 이름이나 생년월일로 만들어진 평범한 아이디를 싫어한다. 그 아이디의 주인이 별로 상상력도 없고 재미도 없는 사람으로 느껴지기 때문이다.

위에 나오는 '상드'라는 아이디는 쇼팽의 연인 '조르주 상드 George Sand'를 말한 것이었다. 파리의 수많은 예술가들의 연인이었으며, 연약한 천재 피아니스트의 엄마이자 연인이었던 사람. 이런 아이디를 쓰는 사람이라면 상드라는 인물의 정체성에 상당히 공감할 것이 분명하다.

참고로 나는 'DoctorMAD'란 아이디를 많이 사용하는데, 이를 통해 내가 스스로 괴짜이고 싶어 한다는 점, 위악적인 인물이라는 점, 어딘가 비뚤어진 천재들과 자신을 동일시하고 있다는 점 정도는 읽을 수 있어야 한다(세계 정복을 노리는 존재인 것으로 보아 자기애성 인격을 가지고 있지 않을까 의심해볼 수도 있다).

상드라는 여자는 위의 설정상 일단 외모가 된다. 입 다물고 가만히 있어도 주변 남자들의 주목을 받을 수 있다. 앞서 언급했듯이 외모가 괜찮다는 사실 하나만 가지고도 그 사람의 성격이 상당 부분 규정된다. '예쁜 여자는 도도하다' '예쁜 애들이 더 착하다' '철이 없다' '세상 험한 줄 모른다' 등 수많은 선입견들이 있다. 이러한 선입견들은 정치적으로도 옳지 않고 이를 100퍼센트 믿을 필요도 없지만, 이러한 선입견들이 현실에서 높은 확률로 들어맞는 경우가 있다는 것은 인정해야 한다. 사회적으로 유통되는 흔한 생각들을 편견이라고 치부하기보다 수천 년간 쌓인 사람들의 경험에서 유추된 신빙성 높은 가설 정도로 생각해볼 필요가 있는 것이다.

여자아이가 예쁘게 생겼으면 사람마다 진심을 담아 "아유, 예쁘게 생겼네" 하며 말을 건네는 게 일반적이다. 아이가 서너 살만 되어도 자신이 예쁜지 아닌지는 대략 짐작한다. 사람들이 아이들에게는 예의상 예쁘다고 하지 않느냐고? 아이도 그게 빈말인지 아닌지 정도는 안다.

자신이 예쁘다는 게 얼마나 큰 무기인지 이해한 아이는 할아버지, 할머니에게 가서 귀여운 얼굴로 칭얼거리고 귀여움을 떨면 주목받는 것을 느낀다. 이렇게 시작한 인생은 초등학교를 지나 얼굴의 변화가 오면서 많은 갈등과 맞닥뜨린다. 어릴 때는 참 귀여웠던 얼굴이 점점 평범한 얼굴로 변할 때, 그 아이는 인생의 외로움을 깨달아버린다. 초등학생 때 전교 1등을 하던 아이가 고등학교에 올라가 반에서 15등을 할 때의 마음이랄까.

반대로 어릴 때 귀여웠던 아이가 크면서도 어른들에게 예쁘다는 말을 숱하게 듣고, 주변에 얼굴 붉히면서 좋아한다고 고백하는 남자아이들을 몇 명씩 보게 된다면? 그 아이는 가진 재주 하나 없고 아는 거 하나 없어도 자부심 넘치는 여자로 성장할 가능성이 크다. 사회에서 외양을 중요한 능력의 잣대로 평가하는 것은 사실이니까.

물론 늘 그렇듯 변수는 있다. 가족들이 양육을 올바르게 했거나, 외모에 대한 피드백이 주어지지 않는 환경에서 살았거나, 아이가 자신의 외모보다는 다른 능력을 중요시한다거나 등등. 이런 여러 요인들이 동시에 작용하기 때문에 선입견이라는 것이 100

퍼센트 실현되지는 않는다. 오히려 '예쁜 애가 못됐다'와 '예쁜 애가 착하다' 같은 반대되는 선입견들도 존재하는데, 이는 각각의 사람을 설명하는 과정에서 인과관계 설명 없이 결과만 남은 것이라 봐야 한다.

상드는 사람들의 대화에 아주 능동적으로 참여한다. 좋게 말해 '능동적'인 것이고, 실제로는 대화 여기저기에 모두 다 끼어든다. 뭔가 많이 아는 것 같다는 느낌을 주기는 하는데, 그녀가 한 말들을 가만히 생각해보면 그다지 내용이 없다. 단순한 느낌을 과장해 표현하는 것도 많다. 계속 의심하고 들면 '과연 저 사람이 이 앨범을 들어나 봤을까?' 하고 생각해볼 수도 있다. 하지만 그녀와 나는 이제 겨우 처음 만났을 뿐이고 서로의 관계도 어색하니까, 단지 그녀가 말을 좀 많이 하는 것뿐이라고 생각하는 편이 더 자연스럽다.

그런데 그녀의 이야기가 점점 극적으로 변하기 시작한다. 그러다 대화가 중반에 접어들자 그녀는 재즈에 관심 있는 사람이라면 누가 들어도 관심을 끌 만한 이야기를 연달아 꺼내기 시작한다. "누구를 만났어요!" "누구와 얘기했어요!"라고 열심히 떠들어대며, 모든 사람의 관심을 자신에게로 집중시킨다.

이야기 속의 나는 이 여자가 자신의 경험을 설득력 있게 설명하지 못하자, 반신반의하며 듣고 있다. 만약 여자에게 호감을 갖고 있지 않았다면 아마 '거짓말일지도 몰라'라고 생각했을지 모른다. 그러나 마음에 드니까 용서하고 있다.

상드의 가장 큰 특징은 모든 사람의 관심이 자신에게 쏠아지도록 유도한다는 것이다. 만약 그녀가 매력적인 사람이 아니었다면 다들 짜증을 냈을지 모른다. 어쩌면 누구를 만났네, 무엇을 들어봤네 하는 것이 모두 과장된 얘기일지도 모르기 때문이다. 조금 더 심하게 말하면, 모든 것이 거짓일지도 모른다.

상대방의 말이 너무 화려하고 멋지게 들릴 때는 조심해야 한다. 내담자 중에서 대화의 거의 80퍼센트 이상이 거짓말인 사람이 있었다. 들을 때는 그렇게 흥미진진할 수가 없다. 유명 연예인과 친구고, 집안은 몰락한 재벌이고, 자신은 제법 큰 술집을 운영하고 있고, 외국 유학은 기본이고. 여러 번 대화를 하다 보니 어딘가 앞뒤가 잘 맞지 않아서 나중에 보호자에게 사실을 확인해보았다. 거의 모든 것이 거짓이었다. 물론 망상 수준은 아니었고. 그는 자신이 한 말이 부끄러워 끝까지 나를 피했다.

물론 상드에 대한 생각과 추측이 처음부터 확실하게 들었더라도, 이를 확신하려면 적어도 그녀와 다섯 번은 더 만난 뒤 판단할 필요가 있다. 그녀는 단순히 술을 좀 먹어서 기분이 들뜬 것일지도 모른다. 원래는 착하고 진지한 사람인데, 술만 먹으면 좀 가벼워지는 편일 수도 있다. 희망을 버려서는 안 되는 것이다!

이 사람은 무슨 타입?

상드의 인격적 특성은 무엇일까? 그녀는 다른 사람들 앞에서 관심의 중심이 되고 싶어 하는 성향, 자신의 말이 진실하고 논리적으로 들리게 하는 것보다 감정적·인상적으로 접근해 순식간에 남의 시선을 끌려는 성향이 두드러진다. 이렇게 자신의 성적·인격적 특징을 남에게 과도하게 어필하는 스타일을 두고 대개 '히스테리성 인격' 특징을 가지고 있다고 이야기한다.

'히스테리'는 흔히 '짜증'과 거의 동격처럼 쓰이지만, 실제로는 프로이트 이전 시절부터 여성의 감정 변화를 설명할 때 쓰는 단어였다. 프로이트 역시 정신분석 이론을 만들 때 어떤 증상을 설명하기 위해 이 단어를 사용한 바 있다.

다음은 히스테리성 중에서도 다소 심한 상태를 지칭하는 '연극성 인격 장애'의 기준이다. 다음 기준에 비교적 들어맞는 타입이라고 이해하면 된다.

- 자신이 관심의 중심에 있지 않은 상황을 불편해한다.
- 다른 사람을 대할 때 외모나 행동이 종종 부적절하게 느껴질 정도로 유혹적이거나 자극적이다. 즉, 표정이나 몸가짐 등이 마치 연기를 하듯 나타난다. 상황에 맞지 않는 경우에도 타인의 관심을 받을 만한 태도를 취한다.
- 감정이 빠른 속도로 변하고 피상적으로 표현된다.
- 지나치게 인상적이고 세밀함이 결여된 언어를 사용한다.
- 자신을 극적으로 드러내고 과장된 감정으로 표현한다. 감정을 많이 표현하기 때문에 멋지게는 들리지만 오래 들으면 내용이

없어 지겹다.

- 자신에게 관심을 집중시키기 위해 계속해서 외모를 이용한다.
- 피암시적이다. 즉, 다른 사람이나 상황에 쉽게 영향을 받는다.
- 상대방을 실제보다 더 가까운 관계라고 생각한다. 몇 번 만나지 않았는데도 엄청 친한 척한다. 성격이 좋다고도 볼 수 있지만, 그렇게 친한 척한 다음 상대방을 자신의 목표에 맞게 이용하는 게 문제다.

히스테리성 인격과 연극성 인격은 같은 선상에 있으며 정도에 따라 차이가 나는 것이라고 이해하면 된다. 하지만 행동만 따지자면 두 사람은 많이 달라 보인다. 히스테리성 인격은 보통의 범위로 보이는 반면, 연극성 인격은 많이 부담스러운 느낌이다.

사실 히스테리성 인격은 상대방(이성, 동성 가리지 않고)에게 매력적으로 보이고자 하는 것이 가장 큰 특징이라고 봐야 한다(내가 상대하는 사람이 상당히 매력적으로 보인다면, 그가 이쪽 성격이 아닌가 하는 의심도 해보곤 한다. 그렇다, 직업병이다). 따라서 히스테리성 성격은 대인관계가 무난하고 무척 귀여움받는 스타일일 수도 있다.

그러나 한 꺼풀 벗기고 들여다보면 말에 알맹이가 없고 애매한 표현, 애매한 결론을 잘 내리기 때문에 그에게 그다지 매력을 느끼지 못한 사람이라면 은근히 짜증을 느끼게 된다. '어딘가 내 타입은 아니야'라고 생각하게 되는 것. 이렇게 사람들 사이에 호불호가 갈리게 된다.

여성의 경우, 상대방에게 묘한 성적 기대감을 불러일으키기도 하는데(그것이 유혹적이든, 가녀리게 보이든, 쾌활하게 보이든, 울적하게 보이든), 사실 이들은 성관계를 통해 얻는 만족감이 적은 편이다. 게다가 이들이 이끌리는 대상은 다소 자극적인 부류가 많다. 아무리 봐도 이상적이고 괜찮은 남자인데도 큰 매력을 느끼지 못하고, 유부남이나 애인 있는 남자에게 열렬한 사랑을 느끼는 경우도 많다. 물론 본인 스스로도 죄책감을 느껴 고민을 많이 하게 된다.

비슷한 타입의 사람들1

사실 상드 정도만 해도 괜찮다. 히스테리성 인격이라고 말은 했지만, 병적인 상태라고 말하기엔 한참 모자란다. 더 심하고 전형적인 스타일도 있다. 다음은 내가 예전에 만났던 70대 여성 내담자의 이야기이다.

"안녕하세요, 선생님!"

간드러진 목소리로 인사를 건네며 할머니 한 분이 들어오신다. 엄청 진한 화장이다. 분홍색 아이섀도에 빨간 립스틱을 바르셨다.

"내가 잠이 좀 안 와서 말야. 뭐 좋은 약 없나 해서 왔지. 그런데 원장님 정말 잘생겼다."

"하하! 감사합니다."

"이렇게 잘생긴 선생님이면 내가 믿어도 되겠다. 왠지 좋은 약 지어줄 거 같아."

내 얼굴을 찬찬히 훑어보신다.

"요즘 고민거리나 스트레스받는 일은 없으셨어요?"

"아휴, 그런 거 없어. 그냥 잠만 안 와. 잠 잘 오는 약만 지어주면 돼."

"네, 제가 약을 드릴 텐데, 최근 신경 쓰이는 일이 어떤 게 있었는지 정도는 알아야 약 종류를 선택하거든요."

"난 고민도 없고 항상 마음 편해. 그냥 잠만 안 와."

"그래도 최근에 안 좋은 일이 있었을 가능성이 큰데, 하나만 얘기해주세요."

"그래? 그럼 내가 얘기 좀 해볼게. 실은 말야. 내가 이번에 남자친구를 사귀었는데, 이 사람이 나를 정말정말 사랑하는 거야. 나도 밤이고 낮이고 그 사람 생각만 했지. 그런데 알고 보니까 이 남자가 다른 여자도 가끔 만나고 다니는 거야. 어찌나 속이 상하던지, 밤에도 잠이 오질 않고 온종일 가슴에 눈물이, 이 가슴에 슬픔이 가득해. 얼마나 억울하고 원통한지 말을 할 수조차 없어. 원장님은 내 나이가 좀 들었어도 이해해주겠지? 나이가 들어도 이런 슬픈 감정은 어쩔 수 없는 거잖아, 그렇지?"

내 손을 꼬옥 잡는다.

"아, 네. 참 힘드셨겠네요."

정말 진땀이 난다.

"그래서 내가 이렇게 잠도 안 오고 그런가 봐. 이를 어째!"

"네, 잘 알겠으니까요. 제가 좋은 약 지어드릴게요."

"어머나! 그래주겠어? 내가 원장님만 믿을게. 잘생기고 몸도 좋고 인상이 선한 게 내가 그냥 이 방에 딱 들어왔을 때부터 이 사람이다 싶은 생각이 들더라고! 아무렴 좋은 약 지어주시겠지. 아마 먹으면 하루 이틀이면 다 낫겠지?"

"일단 처음이니까 시간이 좀 필요해요. 일주일은 기다리셔야 할 겁니다."

"알았어, 알았어. 내가 원장님이 너무 멋져서 그냥 믿고 다닐게."

다른 건 괜찮지만, 이 손은 좀 놓아주시면 좋을 텐데. 너무 만지작거리신다. 한참을 마치 연인 바라보듯 하시더니, 마침내 일어나 다음에 오겠다고 하신다.

"이제 그만 가봐야겠다. 그런데 진료비는 얼마야?"

"아, 한 8,000원 정도 나올 겁니다."

"아우! 너무 비싸다. 우리 사이에 너무 비싼 거 아냐?"

우리 사이라고!

"알았어, 알았어. 내가 이해해야지. 하여간 이 잠 안 오는 것만 좀 치료해줘."

"네, 안녕히 가세요."

사실 이분은 그 이후에도 오랫동안 치료를 했고, 나와 관계도 좋았다. 이 할머니는 상대방을 모두 연인으로 만들려는 시도를 하는 듯한 느낌이었고, 조금 부담스럽긴 했지만 어느 정도 그 사람의 욕구에 맞춰주면 무난한 사이를 만드는 것이 가능했다. 아마 바로 옆에서 살거나 했으면 나도 좀 버거웠을지 모르겠다.

이런 성격이 가장 심한 경우를 '연극성 인격'이라고 한다. 자신의 행동에 의미나 목적을 두지 않고, 마치 연극하듯 그때그때 기분에 따라 대사 읊듯 행동하는 이들을 가리킨다.

연극성 인격과 히스테리성 인격은 정신분석학적으로는 비슷비슷한 경로를 통해 생긴다고 되어 있지만, 실제로 연극성 쪽이 조금 더 정도가 심한 편이다. 이 부류의 사람들은 자신의 감정을 과장하는 것이 특징이라 약간의 우울감에도 슬픔에 휘둘려 어쩔 줄 모르는 것처럼 행동하고, 타인에게도 자기가 괜찮을 때는 잘 대해주지만 조금이라도 마음에 들지 않으면 금세 태도가 바뀐다. 당연히 이들을 다루기란 쉽지가 않다.

다른 사람의 관심을 받기 위해 여러 가지 무리한 시도를 하기도 하는데, 나이에 맞지 않을 정도로 자신의 육체적 매력을 심하게 내세우는 사람도 있다. 이 부류의 사람들은 다른 이들이 마지못해 관심을 던져주는 것을 모른다. 마치 어린아이들이 아주 유치한 짓을 하면 어른들이 귀여워서 관심을 주는 것과 비슷하다. 그것을 어른이 하고 있으니 귀엽진 않아도 어쩔 수 없이 관심을 주는 것인데, 당사자는 착각을 하고 있는 것이다.

히스테리성 인격과의 가장 큰 차이는 자신의 행동이 어떻게 보이는지에 대해 전혀 인식이 없다는 데 있다. 똑같이 게을러도 어떤 사람은 스스로 고치려고 노력하고, 어떤 사람은 자신이 게으른 것조차 모르는 것과 같은 이치다.

비슷한 타입의 사람들2

이제 남성 히스테리성 인격의 예를 좀 들어보겠다. 여자가 얼굴이나 대화를 이용하는 대신 이들은 곧잘 자신의 육체를 이용한다. 때문에 바람기가 있는 경우도 많다.

소개팅을 하기로 한 날. 남자가 상당히 잘생겼다는 얘기를 들어서 무척 기대가 된다.

저쪽에 앉아 있는 남자. 가느다란 눈매에 짧은 머리, 어딘가를 매섭게 응시하는 모습. 외모는 듣던 대로 괜찮은데? 팔 봐라, 운동 좀 했나 보군. 그런데 첫 만남에 왜 이리 부담스럽게 파인 옷을 입었니.

"안녕하세요."

내 얼굴을 천천히 쳐다보더니 일어나서 깍듯하게 인사한다.

"안녕하십니까."

온몸에 각 잡힌 남성미가 줄줄 흐른다.

결국 여차여차해서 우리는 사귀게 됐다. 데이트를 한 지 한

달. 이 남자 참 멋있긴 한데 막상 친해지니까 약간 수다스러운 데도 있고 조금 가볍다는 느낌도 든다. 욱하는 성질도 있는 것 같다. 아까도 자동차 사고가 살짝 날 뻔했는데 어찌나 입에서 험한 말들이 줄줄 나오던지.

시간이 흘러 사귄 지 100일이 되었다. 어제는 좀 다퉜다. "여자가 어디를 그렇게 싸돌아다녀! 집에 얌전히 처박혀 있든가"라는 말 때문에 싸움이 더 커졌다. 안 그렇게 생겼는데 완전 조선 시대 할아버지보다 더하다는 생각이 든다.

며칠 뒤, 소개팅을 해준 친구가 조심스럽게 전화를 걸어왔다. 그 친구는 우리 둘이 이렇게 오래갈지 몰랐다며 미안하다고 했다. 본인도 뒤늦게 알았는데, 그가 유명한 바람둥이라는 것. 지금도 나 말고 적어도 한두 명 정도는 더 만나고 있는 것 같단다. 이를 어쩌지? 친구 말만 듣고 끝내야 하나? 혼란스럽다.

남자 히스테리성 인격의 한 예이다. 이쪽도 여러 타입이 있겠지만, 가장 두드러지는 점은 여자가 얼굴이나 몸매로 유혹적인 표현을 하는 반면 남자는 근육, 남성적 가치관 등을 강하게 내세우며 유혹을 한다는 것이다. 밑도 끝도 없이 남성적 가치를 내세우며 그렇지 못한 사람, 즉 여자나 약한 남자를 무시하는 식이다. 어떤 사람 눈에는 이것이 상당히 멋있게 보일 수 있다.

대체 어떻게 대해야 할까

이들은 왜 이런 성격을 가지게 되었을까? 대표적인 이론이 앞서 말한 프로이트의 오이디푸스 콤플렉스다. 이 이론은 기본적으로 여자는 아버지에게, 남자는 어머니에게 집착한다고 간주한다. 그러다 나이가 들면 집착을 버리고 다른 사람에게로 관심이 넘어가는데, 여전히 부모의 그림자 안에서 살아가는 사람들이 있다. 대개 히스테리성 여자들은 상대방이 아빠처럼 자신의 모든 것을 받아주길 바라고, 히스테리성 남자들은 여자들에게 집요한 관심을 보이며 여자가 자신을 완전히 이해해주길 바란다.

자, 먼저 이러한 여자들을 대하는 남자들에게 한마디. 그녀가 매력적으로 보이는가? 어떻게든 이 여자로부터 관심을 받아보고 싶은가? 그렇다면 그녀에게 쓸데없는 호기심 보이는 것을 자제하라. 이들은 상대방에게 관심을 끄는 것이 일생일대의 과제다. 당신이 관심을 보이는 순간, 그녀는 당신에게 흥미를 잃어버린다. 약간 냉정한 태도를 유지하면서, 그녀의 관심을 끌 수 있는 주제를 조금씩만 꺼내놓아라.

그다음에는 감정 표현을 잘 받아줘야 한다. 그녀는 말을 하다 보면 어느새 주제는 온데간데없고 자신의 감정 흐름만을 따라간다. 짜증내지 말고 천천히 그녀의 감정 흐름에 몸을 맡겨라. 동의를 잘 해주고 감정을 잘 잡아낼수록 당신은 그녀의 마음을 잘 알아주는 사람이 될 것이다.

드디어 그녀와 연애를 시작했다. 그녀는 사소한 일로 삐치기를 반복한다. 그걸 이겨낼 수 있겠는가? 여자 마음은 알다가도 모르는 것이라며 체념하고만 있을 것인가? 당연히 아니다. 그녀가 삐치거나 눈물을 보일 때는 절대 당황하지 말아야 한다. '음, 예상한 대로군'이라고 마음속으로 미소 한 번 띄워주고는 차분하게 "너의 마음을 아프게 해서 미안해"라는 멘트를 날려주며 달래야 한다.

힘들겠다고? 맞다. 이런 일들이 비교적 견딜 만하다고 생각되는 사람(분명히 있다!)들이 맡아줘야 한다. 이들이 그녀에게 문제점을 부드럽게 말해주면서 그녀를 조금씩 변화시키려고(한 20년에 걸쳐 천천히 해가야겠다고 생각해주면 좋겠다) 노력하면 된다.

이제 히스테리성 남자를 다루는 여자로 넘어가 보자. 어떻게 해야 할까? 음…. 웬만하면 포기해라. 이런 남자를 다루려면 여자가 전형적인 어머니상에 버금갈 만한 강인함을 가지고 있어야 한다. 바람을 피우거나 밖에서 사고를 치고 들어와도 "훗훗" 웃을 수 있어야 한다. 믿기 힘들겠지만 이러한 분들도 분명히 있다!

안타깝게도 이러한 남자는 보통 조용하고 순종적인 여자를 배우자로 선택한다. 결과가 어떻겠는가? 여자는 남자가 굉장히 강하게 느껴지므로 자신을 보호해줄 수 있겠다 싶어 결혼을 선택하는데, 실상 이러한 남자들의 내면은 너무나 연약해서 어떠한 잘못을 해도 용서하고 봐줘야만 한다. 그러니 평생 속상해하며 남편을 탓하고 살 수밖에.

남녀 간의 결혼은 마치 두 장의 카드로 숫자를 맞춰 상대방과

승부를 겨루는 '블랙잭'과도 같다. 다른 게 있다면 자신의 패도 보지 않고 상대방의 패도 막연히 추측만 한 뒤 짝을 맞추고 겨뤄야 한다는 점이다. 결혼은 단판 승부여서 자신의 패가 무엇인지 모른 채 상대방의 화려한 겉모습만을 보고 승부에 뛰어들게 되면 당연히 이길 확률이 줄어들게 된다. 꼭 기억할 일이다.

"네가 나한테 어떻게 이럴 수 있어?"
: 친한 척하다가도 금세 멀어지는 사람

처음 만났을 때, 선미는 참 매력적이었다. 어딘가 차가웠고 쉽게 다가갈 수 없는 느낌이었다. 우리가 가까워진 건 세 번쯤 만났을 때였다. 나의 어떤 점에 반했는지는 모르지만 갑자기 내 옆에 앉더니 그녀가 다짜고짜 이렇게 말하는 것이었다.

"명준 씨는 참 좋은 사람 같아. 나, 자기 사랑해도 돼?"

"정말? 나도 좋아."

"나 명준 씨 보면서 많이 생각했어. 요즘 만났던 사람들 중에서 자기가 제일 순수해 보여, 착하고. 솔직히 말하면 나, 자기처음 볼 때부터 반했다?"

담배를 지그시 물고서 그녀는 나를 그윽한 눈길로 바라보았다.

"자기, 나 오늘은 자기랑 계속 있고 싶어."

여자의 이런 말에 반응하지 않으면 남자도 아니지.

"나도 그래. 내가 계속 같이 있어 줄게."

선미가 좀 다루기 힘든 사람이란 걸 안 것은 그로부터 2개월 쯤 지난 뒤였다. 갑자기 일 약속이 생겨 선미와의 만남을 취소 해야 하는 상황이 생겼다.

"미안해, 정말 급한 일이어서. 내가 내일 다시 시간 낼게."

"자기는 내가 중요해, 일이 중요해?"

"어? 자기가 중요하지. 그런데 이거 안 하면 나 회사에서 잘 릴지도 몰라. 한 번만 좀 봐줘."

"아악!! 내가 더 중요하다며?"

그녀는 괴성을 지르며 전화를 끊어버렸다. 다시 전화를 해보 았지만 받질 않는다. 할 수 없이 일 약속을 취소하고 그녀의 집 으로 달려갔다. 초인종을 누르자 그녀가 나타난다. 좀 놀라는 눈치다.

"자기 왔구나? 고마워, 고마워. 정말 고마워. 나 자기 정말 사 랑해."

눈물을 흘리는 그녀를 보자 살짝 감동해서 '얘가 나를 이렇게 사랑하는구나, 내가 너무했나' 싶은 생각이 들었다.

"아니야. 내가 잘못했어. 약속은 내가 어겼잖아."

문제는 이런 일이 그 뒤에도 2년간 계속해서 벌어졌다는 것. 한 달에 한두 번은 이와 비슷한 일로 크게 싸웠다. 그녀는 내가 옆에 없는 걸 참지 못했다. 도대체 이렇게 하면 내가 어떻게 너를 감당하느냐, 앞으로는 적당히 좀 하자고 했다가 길거리에서 울고불고 소리를 질러 난감했던 적도 있었다.

결국 지난주에는 내가 더 감당할 수 없을 것 같다고 말한 후 결별을 고했다. 그날 밤, 그녀는 자살을 기도했다. 다행히도 부모님이 바로 옆에 있는 데서 목을 매어 미수에 그쳤고, 생명에는 지장이 없다고 했다.

지금 여기는 정신병원 대기실. 자기랑 헤어지면 자기가 죽든지 나를 죽이든지 하겠다는 유서를 방금 읽었다. 섬뜩하다. 그녀를 어떻게 해야 할까? 정말 고민된다.

그 사람의 마음속으로 한걸음

이 책을 읽고 계신 분들, 무서운가? 이런 사람은 특히나 영화에 단골로 등장한다. 주로 스릴러에 전문적으로 출연하시는데, 정도가 심하지 않아서 그렇지 현실에서도 생각보다 자주 볼 수 있는 타입들이다.

이들은 대인관계가 들쑥날쑥하다. 지금까지 언급된 사람들치고 대인관계가 안정적인 사람은 없었지만, 이들은 유독 인간관계가 좋지 못하다.

대개 이들은 스타일이 괜찮다. 단순히 미남, 미녀라기보다는 특유의 분위기 있는 사람으로 보인다. 어딘가 초월한 듯하고,

우울해 보이는 것이 보호본능도 자극하고, 사람의 마음을 들었다 놨다 하면서 긴장을 놓지 못하게 하는 재주가 있다. 따라서 이런 부류와 만나게 되면, 홀린 것 같은 느낌을 받게 된다. 세상 모든 것과 떨어진 듯 굴기도 하고 어린아이처럼 연약한 모습으로 내 품에 안겨 강아지마냥 훌쩍이기도 하는 이들에게 호감을 느끼는 대상은 대개 우유부단하고 의지가 분명하지 못한 사람일 때가 많다. 쉽게 말해, '어수룩한 남자와 무서운 여자 커플'이 전형적이다.

물론 그 반대의 경우도 성립한다. 어딘가 공허해 보이는 인상을 가진 남자. 그는 여자가 자신을 버릴 것이라고 생각되면 심각할 정도의 분노를 표현한다. 영화에서는 여자가 남자에게 복수한다면서 칼을 들고 덤비기 일쑤지만, 실제 상황에서는 남녀가 바뀐 채 그런 일이 벌어지는 경우가 더 많다. 자신을 배신했다면서 무기를 들고 예전 여자친구를 찾아가는 극악한 남자 범죄자가 훨씬 더 많다는 사실을 기억하라.

이 사람은 무슨 타입?

이들은 전형적인 '경계성 인격' 타입이다. 앞서 살펴본 이야기와 똑같은 상황을 병원 입원실에서도 많이 보고, 주변에서도 가끔 본다. 이들은 어떤 성격 특성을 가지고 있을까? 일단 대인관계와 자아상이 매우 불안정하고, 기분이 들쭉날쭉하며, 매사 충동적이다. 다음의 기준을 더 자세히 살펴보자.

- 실제 혹은 가상으로 자신이 버림받는 것을 피하기 위해 필사적으로 노력한다. 이들은 자신이 버림받는다고 느껴지는 것을 매우 두려워한다. 사람들이 자신을 떠나는 것에 대해 스스로 죽고 싶다고 느끼거나, 타인에게 살의를 느낄 정도로 극단적인 불안감에 빠져 있다. 사람은 어린 시절 부모가 항상 일정한 태도를 취해줘야, 부모가 잠시 자리를 비우더라도 조금 있으면 다시 나타나 자신과 놀아준다는 사실을 깨닫는다. 자신이 마음을 준 사람들과 잠시 분리되더라도 그것이 영원한 이별이 아님을 믿는 것을 일컬어 '대상 항상성'이라고 하는데, 이 대상 항상성이 약한 이들은 대개 부모와의 양육 관계가 불안정한 편이다.
- 상대방을 이상화했다가 평가절하하는 일이 반복된다. 따라서 대인관계 양식이 불안정하고 강렬하다. 사실 이것이 상대방을 벗어나지 못하게 만드는 가장 중요한 요인이자, 상대방을 질리게 만드는 가장 큰 이유다. 어떤 때는 상대방이 이 세상에서 가장 사랑스럽고 훌륭한 사람인 것처럼 말하다가, 사소한 일로 그를 이 세상에서 가장 악하고 재수 없는 인간으로 취급하기도 하는데, 그러다 곧 원래로 돌아오곤 한다. 이런 식으로 인간관계를 맺으니 상대방은 홀린 듯이 끌려다니거나 혹독한 과정을 거치고 도망가버리는 등 결국 극단적인 선택을 하게 된다.

- 정체성에 혼란을 느끼므로 자아상이 심각하게 불안정하다. 뭐든지 할 수 있을 것처럼 굴면서 자신감이 넘치다가도, 곧 자신은 아무것도 할 수 없다며 낙담에 빠지기도 한다. 상대방에게 매우 실례되는 행동을 하고 나서 처음에는 당연한 행동을 했다며 분노하다가, 갑자기 자책하기도 한다.

- 스스로에게 손상을 줄 수 있는 충동성이 적어도 두 가지 영역에서 나타난다(ex. 낭비, 성관계, 물질 남용, 무모한 운전, 폭식 등). 자신을 학대하는 듯한 행동을 많이 하는데, 돈을 펑펑 쓰고 나서 후회한다거나 변태적인 성행위, 술, 마약, 거친 운전 등에 집착하기도 한다.

- 반복적인 자살 행동, 자살 시늉, 자살 위협, 자해 행위 등이 나타난다. 이것이 정말 문제다. 자기 자신을 비롯해 타인에 대한 감정이 그리도 왔다 갔다 하니 본인도 쉽게 견딜 리 만무하다. 자살 시도는 진정 자신에 대한 혐오감 때문에 벌이기도 하고, 상대방을 자기 뜻대로 조종하기 위해 시늉만 내는 식으로 저지르기도 한다. 이런 행위가 잦아지면 신용을 잃게 되어 문제가 점점 더 커진다.

- 기분 변화가 현저하게 나타난다.

- 만성적인 공허감에 시달린다.

- 부적절할 정도로 분노가 심하다. 이러한 부류의 사람들은 워낙 기분이 잘 변하기 때문에, 경계성 인격 장애가 조울증의 한 형태라는 이야기도 있다.

- 일시적이긴 하지만, 스트레스를 받게 되면 망상적 사고 또는 해리 증상(한 사람 안에 둘 이상의 인격이 존재하는 증상)이 나타날 수 있다.

비슷한 타입의 사람들

사실 앞서 등장한 선미 씨 같은 사례는 드문 편이다. 더 흔한 경우는 감정 변동이 심한 이들이다. 즉, 자살 시늉이나 망상, 심한 충동성 행동까지는 아니더라도 기분이 자주 변한다거나, 사람에 대한 평가가 수시로 달라진다거나, 누군가가 자신을 버렸다는 생각 혹은 자신을 싫어하는 느낌이 들면 곧잘 화를 내는 정도의 특징을 가진 인물은 주변에서도 흔히 볼 수 있다.

그녀는 우울하다며 나를 찾아왔다. 냉정한 얼굴. 나를 지켜보는 듯한 느낌이다. 나는 그녀에게 불면증과 약간의 우울감에 대해 처방을 해주었다. 그녀는 진료실을 나서며 나에게 냉정한 얼굴로 몇 마디를 건넸다.

"실은 선생님 칼럼을 읽어보고 왔어요. 정말 훌륭한 분이라고 생각했어요. 저 치료해주실 거죠? 앞으로 열심히 다닐게요."

흐음, 좋은 말이다. 괜히 기분이 좋아진다.

"네, 다음에 뵙겠습니다."

이렇게 좋은 분위기로 시작해서 몇 번 진료를 진행했다. 환자도 협조적이었다. 생글거리는 얼굴로 적극 상담에 응했다. 간호사에게도 깍듯하게 인사를 건네며 병원이 마음에 든다는 이야기를 했다고 한다.

상담을 진행하면서, 남자친구가 병원에 가보라고 해 그녀가 왔다는 것을 알게 되었다. 혼자 있는 것을 힘들어하고, 감정의 변화 폭이 커서 친구들도 그녀를 보고 "넌 성질이 괴팍해"라고들 한단다. 변덕도 많은 편이고 기분에 따라 생각이 자주 바뀐다고 했다. 어릴 때는 친구를 한 번에 한 명만 사귀었는데, 다른 사람과 어울리면 너무 질투심이 나서 싸우고 헤어질 때가 잦았다고도 했다. 경계성 인격의 특성이 다소 있다고 판단되었다.

그런데 한 달 뒤, 이 내담자의 진료 예약이 잡힌 날 내가 집안일로 갑자기 휴진을 하게 되었다. 예약 취소 전화를 받지 못한 그녀는 내원을 했고, 결국 허탕을 치고 돌아가면서 간호사에게 엄청 짜증을 내고 병원 욕을 했다고 한다. 내 면전에서 욕을 한 것은 아니었지만, 그 이야기를 들으니 기분이 그다지 좋지 않았다.

며칠 뒤, 그녀가 병원에 왔기에 내가 미안하다며 사과를 했다. 그녀는 아직도 화가 난 상태라고 하더니만, 내가 몇 번을 더 사과하자 그제야 조금 풀어지는 기색을 보였다. 그러더니 살짝 웃음을 지으면서 "앞으로 시간 잘 지켜주세요!"라고 말한다.

위의 사례가 그리 합당한 건 아니다. 의사를 보고 처음에 마음

에 들어 칭찬도 해줬는데, 의사가 개인적인 사정을 이유로 진료를 일방적으로 취소해버렸으니 화낼 만도 하다. 뭐가 문제겠는가? 의사 잘못이지.

문제는 평소의 태도와 화를 낼 때의 태도 사이에 차이가 너무 많이 난다는 점이다. 보통 정신과 의사들은 환자가 초면에 자신을 과도하게 칭찬하면 오히려 조심하는 경향이 있다. 뭐든 넘치는 것은 좋지 않은 법. 칭찬 뒤에는 반드시 무언가가 숨어 있게 마련이다. 처음부터 심할 정도로 좋은 이야기를 한다는 것은, 단순히 나에게 잘 보이기 위한 방법일 수도 있지만 나에 대한 기대가 무척 높다는 것을 의미할 가능성도 있다.

환자의 칭찬이 나중에 저주로 변하는 경우를 나는 수도 없이 봐왔다. 이때 중요한 것은 상처받지 않는 것이다. 나 자신만을 위한 이기적인 생각에서가 아니라, 우리가 어떤 사람을 만나더라도 정신적인 평정을 유지하는 것이 가장 큰 과제라고 생각하기 때문에 하는 말이다.

내 감정을 뒤흔드는 사람을 상대하는 것은 의사에게도 매우 힘든 일이어서, 어려운 내담자를 보고 나면 평범한 내담자 스무 명을 본 듯한 기분을 느끼고 자괴감에 빠지곤 한다. 그럴 때마다 적당한 경계심과 적당한 인간적 감정 사이의 균형을 맞추는 것이 우리의 의무이자 재능이 아닐까 하는 생각이 든다.

대체 어떻게 대해야 할까

경계성 인격에 대한 책을 읽다 보면 꼭 나오는 말이 있다. 바로 정신과 의사가 가장 싫어하는 인격이란 사실. 좀 부풀려진 말이긴 하지만, 어쨌든 쉽지 않은 건 사실이다. 이들과 대화를 나누다 보면 칭찬과 평가절하가 수없이 반복되게 마련이니까.

그게 뭐가 힘드냐고 할지 모른다. 하지만 한번 생각해보자. 상대방이 나를 칭찬하고 호감을 보이면, 나도 상대방에게 마음을 열고 경우에 따라 믿음을 갖게 된다. 그런데 하루아침에 사소한 실수 하나로 이 세상에서 가장 능력 없고 기본적인 약속도 못 지키는 의사 취급을 받게 된다면? 그때의 배신감은 이루 말할 수가 없다. 성격이 강한 사람이라면 엄청난 분노를 느끼면서 관계를 끊으려들 것이고, 성격이 약한 사람이라면 심한 죄책감을 느끼면서 상대방에게 끌려가기 시작할 것이다.

그런데 이것도 사람 나름이라, 나는 이들에게 도전하는 걸 좋아한다. 하도 책에서 힘들다는 이야기가 많이 나와 오기가 생겨서 그런지도 모르겠다. 진료 보는 입장에서 이야기하자면, 이들은 상담을 길게 해달라고 하거나 시간을 마음대로 조절해달라고 하는 등 요구가 많아 힘들긴 하다. 그래도 원리 원칙을 지키되 따뜻하게 대한다면 대개 치료에 잘 따라오는 편이다.

인간을 대하는 일, 알고 보면 별거 없다. 누구에게나 통할 만한 기본 원칙을 꾸준히 지키면서 애정을 보여준다면, 그렇게까지 힘든 일은 아니다. 물론 간혹 이런 이야기가 통하지 않는 사람들도 있긴 하지만.

그럼 일반적인 사람들이 이런 인물과 만날 때는 어떻게 해야 할까? 본인에게 상대방을 제압할 내공이 전혀 없다고 느껴지는가? 그 사람의 기에 눌려 말 한 마디조차 제대로 하기 힘든가? 이제는 그 사람과 그만 떨어지고 싶은데, 그러기엔 너무 오랫동안 함께 지낸 사이인가? 그 사람이 내 충고를 귓등으로도 듣지 않는가?

자, 도망가라! 고소를 하건 고발을 하건 무조건 피하라! 이건 경계성 인격을 가진 사람의 문제가 아니다. 벌써 오래전에 헤어져야 한다고 느꼈으면서도 실천에 옮기지 못했던 우유부단한 당신의 문제다. 이 책을 읽기 전부터 수많은 사람들로부터 그 혹은 그녀와 빨리 관계를 끊으란 충고를 수도 없이 들었던 당신! 쓸데없는 생각하지 말고 용기를 내어 헤어져라!!!

그러나 이렇게 강력히 충고해도 잘 헤어지지 못하는 이들이 많다. 커플 중 한쪽이 경계성 인격일 때 대개 반대쪽은 후에 나올 의존성 인격 성향을 가지고 있는 경우가 많은 것으로 알려져 있다. 이들도 경계성 인격처럼 자아 정체성이 뚜렷하지 않고 경계성처럼 강한 성격에 자신의 의지를 맡기는 성향이 있다. 두 사람은 마치 찰떡궁합처럼 보이는데, 그 찰떡궁합이라는 것이 서로의 약점들이 얽힌 것과 같아서 좋은 결과를 가져온다고 볼 수가 없다. 가학적인 사람과 피학적인 사람의 만남을 생각하면 쉽다. 결국 이러지도 저러지도 못하면서 끌려가게 마련이다.

문제는 앞선 사례와 같은 특성이 있긴 하나 아주 심하지 않은 사람들이다. 변덕이 좀 심하다거나, "알고 보니 저런 면도 있네" 정도라거나, 다른 건 큰 문제가 없는데 성적 주체성이 좀 왔다 갔다 한다거나 하는 문제 정도. 나의 경우, 내담자가 10대나 20대 시절 한 번에 한 명의 친구만 사귀고 독점욕이 채워지지 않으면 헤어진 경험이 있었다고 할 경우 이쪽을 의심해보는 편이다. 이런 특성 때문에 이 타입은 대인관계가 적은 직업, 즉 혼자 일하는 예술가나 전문직 등에서 곧잘 보게 된다.

그렇다면 이들을 쉽게 견뎌내는 사람들은 대체 누구일까?

첫 번째, 도인. 웬만한 도덕적 결함에는 "뭐, 그럴 수도 있지" 하는 너그러운 태도와, 웬만한 실수나 짜증에도 "다음에 잘 하면 되지" 하는 생각을 가진 넓은 마음의 소유자다. 그 정도까진 아니어도 상대방보다 좀 더 고집도 있고 생각이 공고한 사람이라면 이들을 그런 대로 잘 견딜 수 있다. 임상에서 보면 상대방을 연인으로 본다기보다는 자기가 보살펴야 하는 동생 같은 감정으로 대하고 있다고 느낄 때가 많다.

두 번째, 나중에 나오겠지만 경계성 인격인 사람들에 못지않은 괴짜들로, 그다지 감정을 많이 느끼지 않는 타입. 전문용어로 '분열성 인격 장애'라든가 '아스퍼거 증후군'을 가진 경우다. 약간의 자폐성마저 느껴지는 사람들인데, 이들은 사람의 감정에 다소 무감각하기 때문에 경계성 인격의 '감정 파도'를 맞고서도 그다지 반응이 없다. 귀신 소굴에 들어가도 겁이 안 난다면 그것도 재주가 아니겠는가? 경계성 인격을 가진 사람에게는 이들이 참 안정적이고 편한 사람으로 느껴질 것이다. 매력을 느끼지는 못하겠지만, 평생 친구로 살아갈 수는 있다.

그들도 좋은 사람을 계속 만나면 좋은 영향을 받는다. 비록 어린 시절부터 공허함을 배우고 자라났지만, 이를 채워줄 수 있는 사람을 만나게 되면 인생에서 크고 작은 의미를 찾아내게 될 것이다. 딴 사람 이야기라고 생각하지 말 것. 이것도 결국은 우리 인간성의 일부이니까.

"내 얘기 좀 들어봐"
: 자기 얘기만 하는 사람

새로 온 내담자가 진료실 안으로 들어왔다. 40대 초반의 여성. 방 안을 두리번거리다 앉는다.

"네, 어떻게 오셨습니까?

"3년 전에 머리가 많이 아팠는데요."

음…, 두통 환자인가?

"머리가 너무 아파 내과에 가서 진통제를 처방받아 먹었어요. 그런데 약 먹고 배가 아프더라고요."

약 부작용에 과민하다는 얘길 하려는 건가?

"그때 약을 끊어버리고 다시는 병원에 가지 않았어요."

설마 여기서 얘기가 끝은 아니겠지?

"그런데 2년 전부터 허리가 너무 아파서 재활의학과에 간 거예요."

다시는 병원 안 갔다며???

"거기서 그러는데, 제가 스트레스에 너무 민감하다면서 신경성이라는 거예요."

아. 그래서 우리 과를 찾아왔다고 말하려는 거구나.

"그런데 신경성이면 신경 자체에 문제가 있는 거잖아요. 그래서 이번에는 신경외과를 갔죠."

"음? 신경성은 그런 게 아닌데, 왜 하필 신경외과를 갔죠?"

"아, 그거요? 신경외과 이름이 그럴듯해서요. 신경성은 아무래도 신경외과일 것 같잖아요."

헙. 말문이 막힌다.

"들어보세요. 근데 신경외과에서 무슨 약을 줬는데, 이게 참 잘 듣는 거예요."

"아, 네."

아마 신경안정제를 줬겠지. 그래서 그걸 달라는 건가?

"그래서 다 나았고요. 그 이후로 그 과에는 가질 않았어요."

"그 약이 뭔지 혹시 아세요?"

"그건 모르겠는데요. 2년 전 일인데, 이미 다 잊어버렸네요."

그럼 왜 말했나?

"그런데 2주 전부터 제가 잠도 안 오고 짜증이 많이 나요. 어떻게 해야 할까 주변에 물어보니까 여기 병원이 잘 본다고 해서, 그래서 왔어요."

"네, 잘 알겠는데요. 앞의 얘기는 왜 하신 건가요?"

"아, 그건요. 병원에 왔으니까 그동안 어떤 진료를 받았는지 말씀드려야 할 것 같아서요. 제가 너무 쓸데없는 얘기를 한 걸까요?"

"아니, 괜찮습니다. (살짝 비집고 나오려는 짜증을 참으며) 잘 알겠습니다. 제가 필요한 사항을 좀 여쭤볼게요. 2주 전에 스트레스를 받으실 만한 일은 없었나요?"

아마도 주변에 이런 사람 한 명쯤 있을 것이다. 그다지 사람이 나빠 보이진 않은데, 남의 말을 도통 받아주질 않고, 자기가 말을 할 때는 워낙에 삼천포를 다녀오시니 상당히 피곤한 스타일. 대화를 하고 나면 두세 명을 상대한 느낌을 받으면서 어딘가 질질 끌려다닌 것만 같게 만드는 사람들이다.

내가 짜증을 내면 대개 사과하거나, 아니면 내가 왜 화를 내는지 전혀 모르겠다는 듯 상당히 천진난만한 얼굴로 쳐다본다. 결국 나만 나쁜 사람이 되어버린다. 여기에 걸려들지 않으려면 참을성이 필수다. 비슷한 내담자와의 대화 사례를 하나 더 살펴보자.

"가벼운 정도의 우울증이 있는 것 같으니, 약도 드시고 운동도 하시는 게 좋겠습니다."

"운동이요? 뭐 하면 좋을까요?

"산책 정도면 되지 않을까요?"

"산책은 어디서 해야 해요?"

"그거야, 가까운 공원이나…. ○○동 사시니까, 근처에 △△ 공원 있지 않나요?"

"…… 약은 뭐 먹어야 해요?"

"네? 방금 공원 얘기했는데……."

"그건 알겠고요. 약은 어떤 약인지 가르쳐주세요."

"이건 약한 신경안정제고, 이건 항우울제, 이건 소화제입니다. 부작용은 별로 없을 거예요."

"제가 우울증이에요?"

"네, 스트레스를 받아서 좀 생기신 거 같아요."

"저희 고모도 우울증인데, 매번 고모부와 심하게 싸우세요. 어떻게 해야 하죠?"

"네? 그건 그때그때 상황이 다르니까 따로 자세히 얘기를 들어야……."

"제 약, 예전처럼 먹으면 배 아프지 않을까요?"

"네?"

이들은 상대방에게 질문을 해놓고도 제대로 대답을 듣지 않는다. 치료 과정과 본인이 해야 할 일을 구구절절 설명해줘도 전혀 듣지 않는다. 그러나 정작 본인은 상대방의 이야기를 잘 듣고 있다고 생각한다.

그 사람의 마음속으로 한걸음

앞의 대화를 읽으면서 어떻게 느꼈는가? 의사가 너무 예민해 보이는가? 아니면 내담자가 진짜 짜증 나겠다는 생각이 들었는가? 당신이 느끼는 감정은 당신의 스타일을 그대로 반영한다. 성격이 급한 편이라면 의사에게, 말주변이 없는 편이라면 내담자에게 더 호감을 느낄지도 모른다(더 파고들어가서 두 사람 다 똑같다는 생각이 드는 이들도 있을 것이다). 그전에 먼저 인정해야 할 것이 있는데, 나도 성질이 꽤 급한 편이어서 상대방이 내 페이스를 따라오지 못하거나 대화의 맥을 자꾸 끊으면 짜증을 내는 쪽이라는 사실이다. 이 부분은 나 스스로도 고려하고 있다.

인간에 대한 판단은 항상 생각하는 사람의 의견을 반영하기 때문에 절대 객관적일 수 없다. 그렇다고 아무런 판단도 할 수 없다는 것은 아니고, 두 가지의 상반된 입장을 모두 가설로 만들어본 뒤 양쪽을 '저울질(나는 이 표현을 참 좋아한다)'해보는 과정이 반드시 필요하다.

앞의 대화를 분석해보자.

첫 번째, 내담자는 말을 시작할 때 어떤 식의 이야기가 진행될지 전혀 이야기해주지 않고 있다. 머릿속에 어떤 이야기를 펼쳐갈지 전혀 생각하지 않고, 일단 자기 느낌부터 털어놓기 때문에 벌어지는 현상이다. 순간순간의 느낌이나 기억만을 이야기하고 있으니, 자기 자신은 이해가 잘 될지 몰라도 듣는 사람 입장에서는 마치 미스터리 영화를 보듯 내내 긴장해야 한다.

미스터리 영화는 보통 이야기가 어떻게 진행될지 자세히 말해 주지 않고, 어떤 식으로든 다음 장면을 궁금하게 만들며, 몇몇 정보를 엮어 시청자가 예상치 못했던 독특한 결과로 논리를 연결해 간다. 그 결론이 합당하고 참신하다면 우리는 찬사를 보낸다. 결론이 합당하되 참신하지 않다면 '너무 뻔하다'고 지적한다. 합당하지조차 않다면 '막장' 혹은 '쓰레기'라고 표현한다.

대화도 마찬가지다. 무언가 결론을 기대하며 상대방의 말을 듣는데, 도무지 알 수 없는 결론이 나오게 되면 그간 장면 장면마다 품었던 수많은 생각들이 좌절되면서, 자신이 낭비한 에너지에 대해 분노가 올라오게 된다.

두 번째, 주제 변화가 빠르다. 지나가는 사람에게 생각나는 대로, 일방적으로 주제를 꺼내기 때문에 상대방은 계속 당황한다. 다음의 대화를 살펴보자.

"이 버스 어디로 가요?"
"네? 서초동⋯."
"이 동네 집값이 비싼가 봐요."
"예, 약간 그럴지도⋯."
"가르쳐 주셔서 감사합니다!"
"아, 네."

초면에 이러는 경우도 많아서, 까딱 잘못하면 예의 없는 사람으로 보이기 일쑤다. 물론 나중에 친해지고 나면 좋은 사람이란 평을 들을 수도 있겠지만, 친해질 때까지 시간이 많이 걸리겠지.

세 번째, 이것이 가장 중요한데, 상대방의 말에 반응을 해줘야 한다는 사실을 잘 모른다. 이는 보통 사람들도 흔히 저지를 수 있는 문제다.

전화로 한참 수다를 떠는데, 상대방이 "응, 응" 정도의 말도 없이 가만히 듣고만 있으면 보통 어떻게 하는가? "여보세요? 야, 듣고 있어?"라고 하면서 반응을 확인하는 것이 일반적이다. 상대방이 아무런 대꾸가 없으면 말하는 사람은 상당히 불안해지기 때문이다.

상대방의 침묵은 '내 말이 재미없어서 듣기 싫다'는 표현으로 받아들여지기도 하고 때때로 '네 말에 동의하지 않는다'는 간접적인 표현으로 받아들여질 수도 있기 때문에, 무반응은 상대방으로 하여금 불안감을 증폭시키는 역할을 한다. 나의 태도가 상대방을 초조하게 한다면? 당연히 그 사람이 내게 호감을 느낄 리 없다. 짜증이나 내지 않으면 다행이지.

앞선 사례 속 환자 역시 의사가 하는 말에 끄덕끄덕하거나 최소한 "아, 예" 정도의 추임새는 넣어줘야 그다음 대화가 진행될 수 있는데, 의사가 상대방의 반응을 기다리는 동안 대화의 주도권은 벌써 넘어가버리고 없다. 이때 의사가 "중간에 대화 주제가 너무 자주 바뀌어서 좀 힘듭니다. 제 이야기에 반응을 해주시죠"라고 말한다 해도 나오는 답은 똑같다.

"아, 그거요? 전 알아들었거든요. 그래서 다음 얘기로 넘어간 거예요."

제가 그걸 어떻게 압니까. 답답하기 짝이 없다. 이 말에는 '내가 알고 있으면 상대방도 알고 있을 것'이라 지레짐작하는 미숙함이 숨어 있다.

조금 다른 이야기이긴 한데, 위와 같은 무반응을 정신과에서는 곧잘 이용한다. 자기가 하는 말에 자신이 없으면, 상대방의 반응에 전전긍긍할 수밖에 없다. 대개 사람들은 논쟁할 때 자신의 말이 분명하다고 고집을 부리다가도 상대방이 아무 말 없이 바라보기만 하면 당황하기 시작한다. 사실 자신의 말에 오류가 있다는 것을 본인이 가장 잘 알고 있는 것이다. 이는 혼자서 명상이나 사색에 빠질 때와 비슷하다. 자기 자신에게 거짓말을 할 수는 없지 않은가. 스스로 자기 말의 모순을 알고 고쳐나가기를 기대할 때 이쪽에서는 침묵을 사용할 수 있는 것이다.

이 사람은 무슨 타입?

이렇게 의사소통에 미묘하게 문제가 있는 경우 어떤 문제를 가지고 있을까? 제일 먼저 생각해볼 것은 언어 지능verbal intelligence이 좋지 않은, 말을 못 하는 사람이다. 남성이라면 전반적으로 말재주도 없고 말도 적은 편이라 약간 어눌해 보일 수 있다. 순박하고 착해 보이기도 하고, 고집불통으로 보일 수도 있다. 아내가 "우리 얘기 좀 해"라고 하면 한숨을 쉬며 딴청을 피워 사람을 답답하게 만든다. 여성의 경우 상대적으로 말은 잘 하지만, 비논리적이거나 순서가 뒤죽박죽이거나 주어와 목적어를 헷갈리곤 한다.

그러나 앞서 예시를 든 사람은 집중력 장애ADHD를 가지고 있거나, 가지고 있었거나, 아니면 그쪽에 가까운 사람을 묘사한 것이다. ADHD에 대해서는 앞에서도 잠깐 얘기했으니 간단하게만 설명하겠다.

이 장애에는 크게 두 가지 타입이 있다. 하나는 매우 활동적이고 말 많고 까부는 타입, 하나는 조용한 듯 보이며 자신의 관심사가 아니면 도통 집중하지 못하고 멍하게 있는 타입. 둘 다 상대방의 말에 잘 집중하지 못하고, 관심사 외에는 말을 잘 하지 못하며, 나이가 들어서도 자기주장이 강하고 고집이 센 경우가 많다.

성인이 된 이후에도 이와 같은 문제가 계속된다면 성인 ADHD로 생각해볼 수도 있겠으나, 대부분은 집중력 자체는 많이 좋아졌지만 대화 습관이 잘못 들어 있는 케이스다. 이들은 말을 잘 하더라도 대화를 주고받기보다는 생각나는 얘기를 그때그때 하는 편이라, 대화 상대방 입장에서는 불편하게 느낄 수 있다. 매력적으로 보이고 아는 것도 참 많아 보일 수 있지만, 지식수준이 넓고 얕은 편이어서 인간적인 얘기나 깊이 있는 대화를 나누다 보면 그 가벼움을 금방 느끼기도 한다.

자신이 대화할 때 뜬금없다는 것을 느끼고 조심하는 사람들도 있는데, 이들은 공식적인 자리에선 말을 아끼고 조용한 성격을 연출하기도 한다. 이때 오히려 신비감이 부여되어 깊이를 알 수 없는 사람으로 포장되기도 한다. 연예인들의 신비주의 전략도 이렇게 해석할 수 있을 것이다. 이런 전략을 고수하던 연예인이 알고 보면 편한 사람과는 수다도 많이 떨고 푼수에 가깝다는 게 예능 프로그램 등에서 드러나기도 한다.

비슷한 타입의 사람들

앞서 등장했던 사차원인 사람들 대부분이 이쪽 계열이라고 생각할 수 있다. 우울증 등 다른 문제가 있을 수도 있지만, 보통 산만한 사람들이 많다. 이들은 대화를 할 때 어딘가 멍하고 주제와 관계없는 말을 많이 한다. 다음의 대화를 보자.

"뭐하고 지내?"
"아무것도 없네."
"작년에 옷 가게 시작한다고 하지 않았어?"
"딴걸 좀 해봐야겠는데 별로 할 게 없단 말이지."
(조심스레) "왜? 전에 사업은 잘 안됐어?"
(귀찮아하며) "그건 잘 돼."
"근데 왜?"
"재미가 없어."

"너도 참 문제다. 시작한 지 1년도 안 됐는데 벌써 싫증 났어?"

"……."

"그래서 뭐 해보려고?"

"… 아이스크림 집이나 할까?"

"엥? 웬 아이스크림?"

별로 재미없는 대화다. 대답하는 이의 태도에서 약간 시큰둥한 기운마저 느껴진다. 이러한 이들은 본인이 신나면 일사천리로 대화를 이어가는 편이어서, 함께 얘기하는 사람까지 신나게 만든다. 문제는 본인이 별로 재미없다는 느낌을 받았을 때인데, 이들은 이런 느낌이 들기만 하면 조용해지고 심드렁해진다. 이러한 태도가 너무 심하면 큰 문제가 된다.

남들이 문제라고 하건 말건, 정작 이들의 머릿속은 온갖 생각으로 가득 차 있다. 대화를 이루는 짧은 말들 사이사이에 수많은 생각들이 촘촘히 들어차 있다. 남들이 뭐라고 이야기하는 도중에도 두세 개의 주제를 머릿속에서 동시에 다룬다. TV를 보면서 공부를 하고 내일 친구에게 줄 선물 생각까지 할 수 있는 능력을 가진 이들이다.

비록 현대 사회에서는 사무 처리 능력이 떨어진다는 이유로 천시를 받곤 하지만, 이들은 분명 복잡한 맥락에서 의미를 찾아낼 수 있는 능력, 무엇보다 창조성을 가지고 있는 특별한 사람들이다. 물론 자신은 그 사실을 잘 모르고 있겠지만.

다음을 보자. 앞선 대화에서 대답하는 사람의 생각까지 묘사해본 것이다.

"뭐하고 지내?"

"(요즘 지겨워 죽겠어. 일하기 싫어서. 돈은 벌고 있는데 짜증 나 미쳐. 뭔가 새로운 일을 하고 싶은데 여기서 벗어날 수가 없어. 하고 싶은 일이) 아무것도 없네."

"작년에 옷 가게 시작한다고 하지 않았어?"

"(아, 물론 시작했지. 그건 잘 되고 있어. 다 알지 않나? 아, 넌 모르나? 근데 저 집 돈가스 맛있겠다. 뭐 모르면 네가 굳이 알 건 없고…. 문제는 요즘 옷 사업이 좀 지겹단 말이지. 그래서) 딴걸 좀 해봐야겠는데 별로 할 게 없단 말이지."

(조심스레) "… 왜? 전에 하던 사업은 잘 안 됐어?"

(귀찮아하며) "그건 잘 돼."

"근데 왜?"

"재미가 없어."

"너도 참 문제다. 시작한 지 1년도 안 됐는데 벌써 싫증 났어?"

"(뭐 딴 사업 벌일 거 없나? 어, 저기 아이스크림 맛있겠다. 지난번에 우리 가게 앞에 들어온 아이스크림 집이 대박 났다던데 그거나 해볼까? 주인은 잘 나타나지도 않던. 나는 가게에 붙어 있는 게 지겨워서 다른 걸 하고 싶다 이거지. 돈은 크게 굴리면서 몸은 많이 안 움직여도 되고 직원에게 맡길 수도 있는 그런 거. 근데 아이스크림 집이 주인 없이도 잘 굴러

가나?) ……"

"그래서 뭐 해보려고?"

"(아냐, 아냐. 그 집은 어쩌다 성공했을 뿐이지 그 속사정을 어떻게 알겠어? 거기나 우리 가게나 비슷하겠지) … 아이스크림 집이나 할까?"

"엥? 웬 아이스크림?"

위와 같은 독백은 정확히 언어화되는 것이 아니라 순간순간의 느낌이나 생각으로 흘러간다. 거의 꿈과 비슷하다. 굳이 산만한 사람의 예를 들긴 했지만, 사실 우리는 다 저런 식이다. 수많은 잡념들이 머릿속을 흐르고, 잊히고, 세력을 이루어가며 우리 행동에 크고 작은 영향을 미친다. 그런 것을 일컬어 우리는 '무의식'이라고 부른다.

대체 어떻게 대해야 할까

이들은 내가 제일 힘들어하는 타입 중 하나다. 나를 욕하거나 괴롭혀서 그런 게 아니다. 이들은 절대 나쁜 사람이 아니다. 대개 사람 자체는 순박하다. 다른 사람 말을 무시하는 것처럼 보이지만, 자기애성 인격처럼 문제 제기를 했을 때 화를 낸다거나 상대방을 무시한다거나 하는 느낌은 전혀 들지 않는다. 오히려 약간 미안해하며 어떻게든 잘 해보려고 노력한다.

어쩌면 바로 이 점이 문제다. 이들은 생각의 주제를 계속 바꿔

가며 대화를 엇나간 방향으로 이끄는데, 이를 견뎌내려면 엄청난 참을성이 필요하다(나는 성질이 급하단 말이다!). 게다가 이를 지적하면 천진한 얼굴로 "왜 그러세요?"라고 물어보는데, 마치 내가 아주 성질 더러운 사람이 된 것만 같아 죄책감에 빠지게 된다.

무릇 상담을 하려면 분명한 목적이 있어야 한다. 치료하려는 증상이 명확해야 하며, 의사와 내담자가 하나하나 힘을 합쳐 문제를 해결해나가야 비교적 짧은 시간 안에 상담을 끝내고 다음 단계로 나아갈 수 있다(이런 점에서 상담은 주제를 가지고 서로 의견을 겨루는 토론과 그 성질이 다르다). 그런데 이들은 항상 '주제 상실' 및 '목적 방황'이 고정 레퍼토리라 조금만 방심하고 있으면 동문서답만 하다 대화가 끝난다. 상당히 고차원적인 고문이라 하지 않을 수 없다.

이들은 팬과 안티팬을 동시에 가지고 있다. 이들을 좋아하는 사람은 "걔 알고 보면 착해"라고 두둔하며 이들의 엉뚱한 면에 폭소를 터뜨리고, 이해가 안 되는 이야기는 어느 정도 무시하고 듣는다. 그런데 막상 산만한 쪽은 자신과 통하는 사람이 없다고 내심 외로워하는 경우가 많다.

이들을 싫어하는 사람은? 다소 딱딱하고 융통성 없거나 어딘가 시니컬한 사람들은 이러한 부류를 무지 싫어한다. 심하게 말해 바보 취급할 가능성이 크다. 조직사회에서 이들이 적응을 잘하기 어려운 이유도 여기에 있다. 성공한 간부들에게는 이들이 멍청한 신입사원으로 보일 것이다. 요즘은 구글처럼 사내 분위기를 자유롭게 만들어주는 회사가 점점 늘고 있는데, 바로 이런 타입들의 장점, 즉 창조성을 극대화하려는 경향이라고 볼 수 있다. 뭐, 창업주가 그런 부류일 수도 있고.

우리나라처럼 위계질서가 명확하고 명령에 잘 따라야만 인정을 받는 사회에서는 이들이 핍박을 많이 받는다. 선생님, 부모님, 형제·자매, 친구들에게까지. 그러다 보니 이들의 내면에는 이해받지 못한다는 섭섭함이 많이 쌓여 있다.

이들과 잘 소통하고 싶다면 앞선 대화에 등장하는 괄호 안의 속생각을 눈치 채야 한다. 그들의 뜬금없는 생각에도 가만히 살펴보면 나름대로 어떤 맥락이 있다. 그걸 잘 파악해 이야기해보라. 참신한 아이디어가 반짝이는 것을 볼 수 있을 것이다. 제3자가 보기에는 둘의 대화가 참 이상하게 진행되는 것 같은데, 서로는 편하다. 좋게 말하면 이심전심이고, 나쁘게 말하면 물든 거고.

"난 바빠서 못 할 것 같은데"
: 자기 입장만 생각하는 사람

　같이 일하는 류 선배는 참 독특한 사람이다. 생긴 것도 멀쩡하고 언뜻 봐선 참 괜찮은 스타일인데, 모든 사람들에게 욕을 바가지로 먹는다. 일할 때 뺀질거리는 것이 도를 넘어도 한참 넘기 때문이다. 당직할 때 늦게 와서 일찍 나가는 일은 다반사, 할 일 있을 때 자기는 바쁜 일 있다고 슬쩍 빠지는 건 일상사. 윗사람이 보고 있으면 열심히 하지만, 그렇지 않으면 아예 직장에 잘 나타나지도 않고 종일 외근이라는 연락만 온다. 오죽하면 평소 소심하기 짝이 없는 최 선배가 책임을 지고 있겠는가.

　그럼에도 허우대가 워낙 멀쩡하고 위에서 보기에는 크게 일을 펑크 내는 것 같지 않고, 게다가 술 먹고 노는 건 참 잘하기 때문에, 중간 간부 몇몇과는 아주 친하다. 당연히 잘릴 리가 없

186

다. 전에 부장의 평을 들어보니 "게으른 건 나도 알지. 그래도 자기 몫은 그럭저럭 하고 있는 것 같은데"라는 거다. 참 나, 그 선배가 못 채운 구멍들을 후배와 동기들이 메워주고 있단 사실을 정녕 모르신단 말인가?

최 선배 말이 6개월 전에 술을 먹으면서 동기 셋이 너나없이 이 부분을 호되게 지적한 적이 있다고 한다. 처음에는 류 선배가 너무나 황당해하며 "내가 무슨 잘못을 했다고 이 난리야?"라고 하는 바람에 셋이 한참을 설명했다고 한다. 그렇게 두 시간 반을 얘기하자, 마침내 류 선배는 "미안하다. 앞으로 내가 조심할게. 당직이나 돈 수령할 때 너무 이기적으로 군 것 같네"라면서 반성을 하더란다.

그러나 그건 정말이지 단 하루뿐. 다음 날에도 류 선배는 여전히 똑같이 행동했다. 최 선배는 '다른 사람들을 우습게 보는 건 아닐까?' 하고 생각도 해봤지만, 그보다는 자신의 어떤 행동이 정확히 이기적이거나 경우에 없는 것인지 잘 구분하지 못하는 느낌이라고 했다. 이후에도 술을 먹으며 한 번 더 얘기해보았지만, 전혀 이해하지 못하겠다는 사람을 붙들고 설명하는 것도 우스운 것 같아 아예 신경 쓰지 않고 산다는 것이다.

지난주부터는 내가 류 선배와 일을 하게 되었다. 달랑 일주일 지났을 뿐인데 벌써부터 말이 나온다. 공휴일 당직 수당이 높다며 자기가 하겠다고 고집을 부려 맡겼는데, 차가 막힌다면서 네 시간을 늦게 나온 데다, 다음 날 인계자가 와보니 이미 새

벽같이 나가버렸다는 것이다.

이번 프로젝트에서 가장 중요한 자료 수집을 누가 하느냐는 말이 나왔을 때도, 말 떨어지기가 무섭게 "난 바빠서 못할 것 같다"라며 선수를 친다. "형 도대체 뭐가 그렇게 바빠요?" 하고 물었더니 아주 당당하게 "나 요즘 집에서 강아지 키우느라 정신없어. 새끼를 세 마리나 받아왔는데, 손이 많이 가거든. 요거 잘 키워서 팔면 한 마리당 50만 원은 받는다"라는 것이다.

아, 정말 이 정도로 개념이 없을 수가. 끝에 덧붙이는 말이 걸작이다.

"회사 일도 해야 하는데 개까지 키우려니, 이게 보통 힘든 일이 아니다."

다들 묵묵히 다른 곳만 쳐다보고 있다.

그 사람의 마음속으로 한걸음

이런 사람이 어떻게 느껴지는가? 속에서 분노가 치밀어오르는가? 확 짜증이 나는가? 한 대 패주고 싶은가? 그런 감정은 다 나중에야 갖게 되는 것들이다. 이러한 사람은 처음 만났을 때 비교적 인상이 좋다. 특히 노는 스타일이 서로 비슷한 경우에는 이들이 화통하고 자유로운 성격의 소유자란 느낌도 받는다.

그러나 예상치 못한 부분에서 누구나 가지고 있을 법한 개념이 없다는 것을 알게 될 때가 온다. 장난치는 걸 좋아해서 죽이 잘 맞다가도 가끔은 '너무 심하잖아'라는 마음이 들 정도로 상대방을 괴롭히기도 하고, 자기 때문에 피해가 많이 난 상황에서 웃음으로 대충 넘어가려고도 하고, 정작 자신이 책임을 져야 하는 일은 당당하게 거절하는 등. 그제야 여러분은 그가 좋기만 한 사람이 아니지 않을까 하는 의심이 든다.

이들은 도덕의식이 부족한 만큼 흥미롭거나 즐거운 일에 대해서는 개방적인 경우가 많다. 따라서 같이 놀 때는 재미있지만, 어디쯤에서 멈춰야 할지 감을 잡는 데 서툴다. 특히 도덕성이나 책임의식이 많이 부족하다 보니 같이 일하는 사람들에게 민폐를 끼칠 때가 많다. 진지한 질문을 해보면 알 수 있는데, 이들은 "왜 그렇게 살아야 할까?" "왜 남을 도와야 하지?" 하고 물으면 웃으면서 얼버무리는 것이 보통이다.

이 사람은 무슨 타입?

정신과에서 다루는 인격 장애 중 소위 '반사회성 인격' 성향이라는 것이 있다. 앞선 사례 속의 인물이 여기에 해당한다는 말은 아니다. 섣불리 진단을 내리기 조심스러운 이유는, 반사회성 인격이라는 것이 상당히 넓은 범위의 문제를 다루고 있으며, 심각하게는 극악한 범죄인도 이 항목에 포함되기 때문이다. 반사회성 인격 장애의 진단 기준을 살펴보자.

190

- 법에서 정한 사회규범을 지키지 못하고, 구속당할 수 있는 행동 양상을 반복적으로 드러낸다. 소위 범법자, 전과자에게서 흔하게 볼 수 있다. 범죄를 자주 일으키는데, 벌을 준다고 해서 반성하거나 뉘우치는 기색이 없다는 게 문제. 생계 때문에 할 수 없이 범죄를 저지른다는 것도 이들에게는 별로 해당되지 않는 얘기다. 이들은 그저 먹고살기 위해 쉬운 길을 선택할 뿐이다. 그러나 논쟁이 벌어질 때는 자신이 피해자인 양 굴어서 다른 사람들을 싸움으로 유도하기도 한다.
- 개인의 이익이나 쾌락을 위해 반복적으로 거짓말을 하고, 가명을 사용한다거나 타인을 속이며 사기를 친다. 심하지 않은 거짓말, 예를 들어 오늘 약속이 없는데 "나 약속 있어서 못 나가" 정도의 가벼운 거짓말을 식은 죽 먹기로 하는 사람이 있다면 한번 이쪽이 아닌지 생각해볼 것.
- 충동적이어서 미리 계획을 세우지 못하고, 그때그때 임기응변으로 대처한다. 이 때문에 이들과 ADHD 증상을 가진 사람이 관련되어 있다고 알려져 있다.
- 치고받는 싸움을 빈번하게 일으키며 그 과정에서 과흥분성과 공격성을 내비친다. 즉, 조폭이라든가 폭력을 함부로 행사하는 가장 등에게서 볼 수 있다. 물론 그러한 성향이 가벼워서 다혈질 정도로 불리거나, 자신의 공격성을 잘 조절하여 사회적으로 적응을 잘 한 사람 등은 제외해야 한다.
- 자신이나 타인의 안전을 무시하는 무모성을 보인다. 폭음, 마

약, 자해, 문신, 피어싱, 과격한 운전, 익스트림 스포츠 등을 즐기는 경향이 있다.

- 일정한 직업을 갖지 못하거나 채무를 청산하지 못하는 등 지속적으로 무책임한 행동 패턴을 보인다. 사회적으로 적응이 잘 되어 있는 경우, 자신은 돈을 갚지 않으면서 남에게는 빚을 갚으라고 종용하거나, 일은 최소한으로 하면서 힘든 업무를 요리조리 떠넘기는 양상을 드러낸다. 이런 이들 중에는 오히려 사회적으로 성공한 인물이 많다.

- 자책감이 거의 없다. 타인에게 상처를 입히거나 학대 또는 절도 행위 등을 하고 나서도 무관심하거나 자신의 행동을 합리화하는 양상을 보인다. 아마도 이것이 이 성격의 가장 큰 특징이 아닐까 싶은데, 자책감이나 미안해하는 감정이 부족하다. 자신이 미안해야 마땅한 상황에서도 어떻게든 자기 합리화를 하며 오히려 먼저 분노하기도 한다.

물론 제일 처음 얘기한 자기애성 인격들 역시 너무나 당연하게 자신의 입장만 생각한다. 차이가 있다면 이렇다. 그들에게 가장 중요한 일은 자존심을 세우는 것인 반면, 반사회성 인격인 이들은 규범이라든가 타인의 감정을 이해하는 기능 자체가 결여되어 있다. 이 둘을 감별하는 일은 정신과 의사에게도 상당히 어려운 과제다. 경우에 따라 반사회성 인격을 자기애성 인격의 일부로 보기도 하기 때문이다.

사실 결과는 비슷할지도 모른다. 하지만 전자는 자존심만 확실히 세울 수 있다면 법도 지키고 타인도 이해한다. 후자는 그런 인식 자체가 아예 부족하다. 자신의 욕망이 이기적이라면 이기적으로 굴 것이고, 이타적이라면 이타적으로 굴 것이다(자기 자식에 대해서는 이타적일 수 있겠으나, 그것도 자기 욕망의 일종, 자아도취 성향으로 본다). 그저 왜 그런지를 모를 뿐이다.

비슷한 타입의 사람들

조금 자세히 들어가 보자. 반사회성 인격은 크게 세 가지로 볼 수 있다.

첫 번째는 흔하게 보는 평범한 반사회성 인격 장애. 전과도 한 두 번 있고, 가끔 도둑질도 하고, 자동차도 좀 훔치고 뭐, 그 정도(평범하죠?).

두 번째가 연쇄살인범들을 다룬 뉴스에서 흔히 듣는 그 단어, 사이코패스Psychopath다(이것도 엄밀히 말하면 반사회성 인격과는 다르다고 얘기하긴 한다). 연쇄살인범들이 이 카테고리의 대표적 케이스이긴 하지만 이는 매우 드문 경우이며, 실제로는 흉악 범죄보다는 상습적인 범죄자나 사기꾼 등에서 더 자주 볼 수 있다. 사이코패스는 사람에게 감정 이입이 전혀 일어나지 않으며, 사람 간의 애정에 관심을 기울이기보다는 인간관계에서 공격이나 힘의 강약만을 따진다. 자신의 행동을 합리화하거나 도덕적으로 정당화하는 데 전혀 관심이 없는 것도 특징인데, 누군가가 자신의 행동을 지적하면 자기가 전적으로 옳다고 주장하고, 희생자들은 그렇게 될 만한 사람이었다고 말하면서, 자신의 행동에 책임지지 않으려 한다. 즉, 잘못한 행동을 그럴듯하게 꾸미는 것이 나은 상황에서도 뻔뻔하게 행동한다. 이는 머리가 좋고 나쁜 문제를 떠나 그에게 도덕적인 감수성이 전혀 없음을 드러낸다.

이들은 분명한 유전적 경향을 가지고 있어서 어릴 때부터 공격적 성향을 드러내거나 심한 장난질을 하곤 한다. 그렇다고 반드시 나쁜 길로 간다고는 볼 수 없어서, 좋은 지능, 훌륭한 가정환경, 교육 등에 의해 유명한 학자, 성직자, 경영인 등등 천차만별로 성장할 수 있다(그런 경우에도 타인에 대한 공감 능력은 여전히 부족하지만, 그렇다고 이들이 사이코패스는 절대 아니다). 부모가 이들의 도덕적인 체계를 세우는 데 실패한 결과 본성대로만 살게 된 것, 잦은 학대로 내면에 열등감과 분노를 깊게 새기게 된 경험 등이 이들을 '나쁜 사람'으로 만든 결정적인 원인으로 보인다.

앞선 사례에서 소개된 사람은 세 번째, 소시오패스sociopath라 불리는 사람들에 가깝다. 이들은 양심이 없다기보다는 양심에 구멍이 나서 새고 있는 듯한 느낌인데, 범죄자 중 지식인, 고위 공무원, 기업인 등에게서 많이 보인다. 구멍 난 양심 탓에 뻔뻔하게 범죄를 저질러 성공할 때도 많지만, 사람들이 자신을 어떻게 보는지에 둔감하기 때문에 비양심적인 행동이 계속되어 쉽게 들키기도 한다. 이들은 이미 이야기한 것처럼 정치, 사회, 경제 여러 분야에서 활약하고 있다.

사회를 살아가는 데 필요한 많은 규칙들은 법에 정확히 언급되어 있지 않은 여러 가지 사회적 합의를 바탕으로 하는데, 이는 보통 인간들의 공감 능력을 통해 인정을 받는다. 인간적인 감정이나 연민이 없는 사람도 사회에서의 원칙은 지켜야 한다. 그런데 이들은 동정, 공평, 양심 같은 감정에 휘둘리지 않아서인지 오히려 경쟁에서 유리한 위치를 차지하기도 한다. 약육강식의 원칙, 아주 정교화되어 있지만 냉정한 철학, 극단적인 예절 혹은 철저한 법리 원칙에 따라 살면서 사람들의 호응을 받기도 한다.

그렇다면 이들은 과연 나쁜 사람인가? 사회 내에서 제거되어야 할 사람인가? 과연 제거될 수는 있는 것인가? 그에 대해 한번 생각해보자.

우리는 사회에서 성공한 사람들을 부러워하거나 반대로 욕을 하기도 한다. 열심히 노력해서 돈을 셀 수 없을 정도로 많이 번 사람, 권력을 추구해 결국 정점에 이른 정치인, 화려한 말을 쏟아내는 지식인 등 그들의 화려한 겉모습을 이상화하다가도, 그들이 가정에 소홀했거나 비겁한 수를 썼거나 말과 행동을 일치시키지 않았거나 하면 실망감을 넘어 분노를 드러내기도 한다. 그러나 그런 감정이 없음에도 이들을 볼 때 불편한 감정을 느낄 수 있는데, 바로 그들의 순수함(?)에 질려버리는 경우다.

늘 남 앞에 나서서 군중을 이끌어가는 사람을 떠올려보자. 남을 이끄는 것을 즐거워하는 사람들이란 어떤 인물인가? 평생 넘치게 쓸 수 있는 돈이 대략 100억 원 정도라고 했을 때, 그 두 배, 세 배를 벌고자 하는 사람은? 세상 사람 모두가 자신을 비난해도 자신은 틀리지 않았다며 꿋꿋이 의견을 고집하는 사람은 또 어떤가?

나는 강한 자아를 가진 이들이 소시오패스라고 불리는 사람들과 어떤 면에서 일맥상통하는 뇌를 가졌다고 본다. 어떤 분야의 무능은 다른 재능을 더 효율적으로 만들어준다. 원래부터 뇌 자체에 문제가 있어서 그런 것이든, 강력한 콤플렉스와 분노로 타인의 시선 따위는 이겨낼 수 있어 그런 것이든, 결국 '자신의 길에 충실한 것'은 '타인의 길에 둔감한 것'이라 해석할 수 있다.

사회에서 타인을 이끌어야 할 때, 그런 이들이 어울리는 순간이 있다. 특히 효율성이나 속도가 굉장히 중요한 상황이라거나, 전체를 통합하거나 방향성을 잡아야 하는 상황 혹은 타인을 구속하거나 교정해야 하는 상황 등. 나도 그들과 친하게 지내고 싶다거나 같이 일하고 싶진 않다. 하지만 큰 맥락에서 봤을 때, 그런 타입들이 나를 단련시키고 키워줬다는 사실만큼은 부인할 수 없는 것 같다.

그런 부류가 마치 기계처럼 느껴질 수도, 때로는 극악한 악마로 보일 수도 있지만, 이러한 이들이야말로 인간 사회를 움직이는 중요한 시스템의 일부라 할 수 있다. 사실은 그러한 부분도 인간 본성의 한 단면일 뿐이다. 당신에게도 있고, 나에게도 있는.

당연히 이들은 정의, 공정성, 도덕을 바로잡아야 하는 시기가 오면 그 부적절함이 드러나게 된다. 필요악처럼 존재했던 것이 이제는 그저 독이 될 뿐이다. 실제로도 그간 해왔던 모든 행동들이 한순간에 드러나 비난받고 망하는 인생을 우리는 많이 보고 있지 않은가. 사회적으로 이들이 필요한 시기에는 이들이 사람들 앞에 서겠지만, 이들의 문제 때문에 사회구성원이 입는 피해가 점점 커진다면 이들을 끌어내려야 한다. 이런 시스템이 잘 되어 있는 사회(과연 사람이 다룰 수 있는 범위인지는 모르겠지만)야말로 상당히 효율적인 사회라고 볼 수 있다. 물론 사람을 그런 식으로 이용한다는 점에서는 인간 사회 자체가 반사회적 인격을 지녔다고 볼 수도 있겠지만.

대체 어떻게 대해야 할까

앞에서도 "웬만하면 피해라, 피해"라며 몇 차례 노래를 부르긴 했지만, 이들이야말로 정말 피하는 것이 좋다. 겉으로는 괜찮아 보이지만 엮이면 엮일수록 나에게 피해를 주면서도 그 사실을 전혀 인식하지 않는 부류가 이들이기 때문이다. 사이코패스의 경우 살해당할 수도 있겠고(!).

이런저런 책을 읽어보면 이런 부류는 어지간한 경우가 아니면 치료도 하지 말라고 되어 있다. 하다못해 경계성 인격 장애의 경우에는 치료법에 대해 제법 많은 글이 있는데도 말이다!

사람들은 아마도 이들에게 이런 것이 궁금할 것이다. 도대체 공감과 양심이 부족하다는 것이 뭐지? 어떻게 사람이 그럴 수가 있지? 자, 그들의 감정을 이해하는 것은 어렵지 않다. 혹시 이성을 유혹하기 위해 마음에도 없는 말을 한 적이 있는가? 물건을 팔기 위해 온갖 미사여구로 장점을 꾸며댄 적은 없는가? TV에서 굶어 죽어가는 아이들을 보며 아무 생각 없이 코미디 프로그램으로 채널을 돌린 적은 없는가? "아니, 그 정도는 누구나 하는 거잖아요…"라는 말이 여기까지 들린다. 잘 하셨다. 바로 그때 그 감정이다. 아무 느낌 없이 했던 그 행동과 그에 대한 변명. 그게 그들의 감정이다. 거기에 어린 시절부터 품었던 분노와, 그에 대해 막연하게 품는 '나는 옳다'라는 감정까지 더하면 딱이겠다.

이들과 조금만 깊게 대화를 해보면, 이들이 가진 기본적인 개념 자체에 문제가 있음을 알 수 있다. 실제로 치료를 할 때도 그 사람의 잘못된 사고 과정에 초점을 맞추게 된다. 자기 행동의 결과를 예측할 수 있도록 도와주어야 하며, 자신이 잘못 예측하여 나쁜 결과를 반복적으로 겪고 있다는 사실을 보여주어야 한다.

그래도 자기 인식이 있는 사람은 조금씩 자기의 문제를 알아갈 수도 있지만, 수준이 많이 떨어지는 경우에는 오히려 의사를 속이거나, 분열시키고 나서 자신은 슬쩍 빠지기도 한다. 이들은 오랜 세월 인간을 속이며 자기 자신을 지켜온 사람들이다. 어설픈 믿음이나 애정으로는 이들을 변화시킬 수 없다.

4장

타인에게
관심 없는 사람들

"아니, 난 별로······"
: 로봇 같은 사람

서른다섯 살의 미혼남, 병환이는 S전자의 연구원이다. 오늘 내가 소개팅을 시켜주기로 했는데 사실 좀 걱정이다. 이 녀석이 여자에게 그다지 인기 있을 타입은 아니기 때문이다.

병환이를 알고 지낸 것은 대학생 때부터이니 벌써 15년 정도 됐다. 친구라고 해봐야 나 하나인데, 그나마도 내가 연락을 안하면 도무지 소식을 알 수가 없다. 1년에 한 번 볼까 말까다. 매일 뭘 생각하고 다니는지. 연구소에서는 사람들하고 잘 지내는지 참 걱정이다. 뭐, 그것도 본인이 얘기를 해줘야 알 텐데 말이다. 그래도 가끔 상을 탔다는 걸 보면 나름대로 적응은 하고 있는 듯하다.

왜 이런 녀석과 친구로 지내느냐고 묻는다면, 글쎄······. 나

라도 가끔씩 챙겨야 할 것 같아서, 안 그러면 사회생활을 도통
하지 못할 것 같아 돌봐주고 싶은 마음, 그러니까 동정심 내지
는 모성애 같은 게 생겨서라고나 할까.

소개팅 자리에서 이 녀석은 여전히 쭈뼛거리며 말이 없다.
하는 수 없이 내가 먼저 여자의 질문에 호응을 해주었다.

"병환 씨는 쉬는 날에 뭐해요?"

"야, 너 취미 있잖아. 왜 예전에 자동차에 관심 많았잖아."

"아, 네. 자동차 엔진 같은 거에 관심이 있어요."

"지금 하시는 전자연구소 일과 관련이 있는 건가 봐요."

"네, 자동차 부품하고 연관이 있어요."

얘기가 뚝뚝 끊기는 데다 내가 소개팅을 하는 건지 이 녀석
이 하는 건지 모를 정도로 병환이는 당최 여자에게 관심을 보이
지 않는다. 여자가 잠깐 화장실에 간 동안 물어본다.

"야, 너 저 여자한테 관심 없어? 저 정도면 괜찮지 않아?"

"어, 괜찮네. 잘해봐야지."

"그럼 말만 그렇게 하지 말고 적극적으로 얘기도 시켜보고
뭘 좋아하는지도 물어보고 그래야 할 것 아냐."

"응, 알았어."

여자가 돌아와 자리에 앉자마자 이 녀석이 던지는 말.

"저, 그쪽은 뭐 좋아하세요?"

참, 센스 없는 놈. 이러다 저 여자에게 내가 욕이라도 먹을
것 같다.

그 사람의 마음속으로 한걸음

처음에 이들을 보면 얼굴에 표정이 전혀 없다. 말도 어딘가 어눌한 것이 억양도 단조롭다. 이들에게는 친구가 없다. 말을 걸어도 아주 단편적인 이야기만 하는 편이고, 이성에게조차 별로 관심이 없어 보인다.

예외가 있다면 오로지 자신이 관심을 가지고 있는 일이나 직업에 관한 것뿐이다. 한마디로, 약간 자폐기가 있다. 이들은 자신이 잘하는 일에 있어서는 성공을 거두기도 하고 결혼을 해서 가정을 꾸리기도 하지만, 가족들조차 이들과 정신적으로 깊은 관계를 거의 만들지 못한다.

이 사람은 무슨 타입?

이들을 알아보기는 상대적으로 쉬운 편이다. 학생 때를 생각해봐도 한 반에 한 명 정도는 이런 친구가 꼭 있었다. 직장을 둘러보면 친구도 만나지 않고 결혼 생각 없이 자신의 일만 꾸준하게 하는 사람들이 보일 것이다. 이들은 분열성 인격에 해당하는데, 가벼운 수준의 자폐나 그 아형亞形인 아스퍼거 증후군과도 상당히 비슷한 특징을 보인다.

분열성 인격 장애를 가진 사람은 사회에서 고립되어 있거나 감정 표현을 제대로 하지 못하는 것이 가장 큰 문제다. 이들의 특징은 구체적으로 다음과 같다.

- 가족과의 관계를 포함하여, 친밀한 관계를 바라지도 즐기지도 않는다. 가족과는 그래도 좀 낫지만 친구는 거의 없는 편인데 그렇다고 해서 많이 힘들어하지도 않는다. 물론 정말로 로봇처럼 무감동한 인간을 떠올릴 필요까지는 없고, 직계가족 이외에는 가까운 친구나 마음을 털어놓는 친구가 없다고 보면 된다.
- 대부분 혼자서 하는 활동을 선택한다. 다른 사람과 어울리는 일은 필요해서 할 수 없이 하는 정도다.
- 성性 경험에 거의 흥미가 없다(자세히 물어본 것은 아니지만, 많아 보이지는 않더라).
- 경쟁하지 않는 일, 예를 들면 수학, 천문학처럼 혼자서 열심히 할 수 있는 일에 빠지는 경우가 많다. 이는 사회적인 성공과는 좀 다른데, 아무도 알아주지 않더라도 혼자서 엄청난 수준의 학문을 공부하며 지식을 쌓고 있다.
- 타인의 칭찬이나 비판에 무관심해 보인다. 심한 사람은 정말로 칭찬이나 비판에 신경 쓰지 않지만, 가볍게 경향만을 가지고 있는 사람은 칭찬을 좋아하고 비판은 싫어하되, 뭘 생각하고 있는지 당최 알 수 없게 행동한다. 따라서 당연히 칭찬과 비판에 무관심한 것처럼 보인다.
- 매사에 냉담하고 고립되어 있으며, 가끔씩 단조로운 감정 상태를 보인다. 다른 건 몰라도 감정 표현이 아주 적고, 재미없는 사람이란 것만큼은 확실하다.

비슷한 타입의 사람들

앞에서도 몇 번 언급했던 아스퍼거 증후군이라는 질환이 있다. 이는 성격 유형이라기보다 자폐증의 한 아형이다. 어릴 때는 조금 독특해 보이지만, 성인이 되면 잠깐 만나는 것만으로는 특별한 문제점을 찾아내기 힘들 정도로 가벼운 증상이라 생각하면 된다.

아스퍼거 증후군의 경우 어릴 때 병원에서 진단받는 일이 많다. 지적으로는 전혀 문제가 없어서 학업 능력도 좋은 편이지만, 대인관계가 제대로 이루어지지 않는다. 분열성 인격이 사람에게 관심이 거의 없는 타입이라고 한다면, 아스퍼거 증후군은 사람들과 관계 맺는 법을 극단적으로 모르는 타입이라고나 할까.

이들은 한 가지 취미에 몰두하는 것을 좋아한다. 기차나 자동차, 물고기, 공룡 같은 주제에 집착하는데, 단순히 좋아하는 정도가 아니고 온종일 그 일만 생각하곤 한다. 타인과 이야기할 때도 그 주제 이외에는 그다지 관심이 없다.

대체 어떻게 대해야 할까

이들은 친구를 원하지 않기 때문에, 주변 사람들 역시 이들에게 다가가지 않아도 그다지 죄책감을 느낄 이유가 없다. 적절히 거리를 유지하면서 관계만 이어간다면 서로 그렇게 안 좋은 일이 생길 게 없다.

상대방에게 감정 자체가 거의 없다는 사실을 이해하지 못하면 이들이 그저 예의 없는 괴짜로 보일 수밖에 없다. 순간 기분이 상하더라도 '쟤는 원래 저러니까' 하는 마음으로 상대방을 포근하게 대해야 한다. 이들이 자기 본위대로 행동하는 경향은 높지만, 심한 경우가 아니라면 상대방 역시 결국 인간이기 때문에 나의 성의에는 역시 성의로 대하는 것이 보통이다.

더 큰 문제는 이들을 배우자로 두고 있을 때다. 일반적으로 이들과의 연애는 잘 성립되지 않는데, 재미도 없고 이성을 잘 돌봐주지 못하니 연애가 순탄할 리 없다. 이들은 대개 중매로 결혼한다. 처음에는 배우자가 이들을 두고 과묵하다든가, 다소곳하다고 생각한다. 감정이 잘 느껴지지 않으니 차가워 보이는 게 어딘가 멋진 것 같기도 하다. 자신의 일(대개 연구직, 전문직이다)에서 성공한 사람이라면 직업적인 안정성도 상당한 매력이 된다. 따라서 당장은 좀 부족하더라도 '앞으로 같이 살다 보면 점점 좋아지겠지' 하고 생각한다.

그러나 이들이 살면 살수록 인간적인 감정을 거의 내보이지 않는다는 점, 내가 진실로 의지하고 싶어 하거나 대화를 나누고 싶어 할 때조차 나를 회피하고 이해하지 못하겠다는 태도를 보인다는 점을 알게 된다. 어려운 일이 생겼을 때 부부간에 의지도 되지 않고, 협력해서 풀어가야 하는 일이 있을 때에도 이기적으로 행동하기 때문에, 이들의 배우자는 힘들 수밖에 없다.

이러한 성격에는 어느 정도 유전적인 면도 있어서, 이들의 자녀 역시 비슷한 성향을 지닌 경우가 많다. 배우자와 말이 통하지 않는 것이야 그렇다 치고, 내 아이하고도 말이 통하지 않는다고 느끼면 사람은 당황하게 마련이다. 따라서 이때 상대방에 대한 미움과 섭섭함이 폭발적으로 나타날 수 있다.

그럴 리 없다고 생각하지만, '에이, 그 정도야 참을 수 있지'라고 생각하는 분이 혹시 계시는지? 십중팔구 자기 자신을 아직 잘 모르고 하는 얘기다.

앞서 말한 것처럼 인간은 상대방의 감정 반응을 쉴 새 없이 파악하고 그에 따라 반응한다. 상대방이 나에게 반응하지 않을 때 얼마나 불안해지는지 느껴본 적 있다면, 분명 이들과 관계를 유지하는 게 쉬운 일이 아니라는 사실을 알 수 있을 것이다.

이들을 상대할 때는 이들의 성격을 확실히 파악하고 제대로 이해하는 일이 우선이다. 어차피 이들은 내가 기대하는 반응을 나타내지 않는다. 가장 큰 실수는 이들에게 감정을 일으키게 하려고 아픈 곳을 후벼 파서 분노를 유발하는 것. 그래 봐야 헛수고다. 그런 짓을 저지른 사람은 귀찮은 인간 취급을 당할 뿐이다. 이들은 자기 때문에 상대방이 화났다는 사실을 잘 이해하지 못하고, 그저 상대방이 원래 화를 잘 내는 인간이거나 자기를 우습게 여긴다고 판단할 것이다.

이들을 대할 때는 항상 웃으며 편하게 해야 한다. 상대방을 이해한다는 것은 그가 어떠한 인간이든 간에 그를 있는 그대로 받아들인다는 뜻이다. 그들이 좋아하는 것에 호감을 표시하면서 그들과 함께 살아간다는 마음가짐을 가져야 한다. 인간적인 유대감은 아주 긴 시간에 걸쳐 서서히 커지게 되어 있다. 꾸준하게 감정을 학습시키고 의미를 설명하다 보면 결국 변화가 일어나게 되어 있다.

"도를 아십니까?"
: 뜬구름만 잡는 사람

영미가 일 때문에 알게 된 친구라며, 진수라는 남자를 데리고 나왔다. 한 20대 중반 정도? 나랑 나이가 비슷한 것 같다. 등을 덮을 정도의 긴 머리에, 동그란 얼굴, 과묵해 보이는 첫인상을 가진 사람이다. 언뜻 보면, 로커나 도사 같다.

분위기가 좀 어색해질 것 같아 나는 그를 만나기 전 영미에게 "처음 보는 사람을 왜 데리고 온다는 거야?"라고 넌지시 물었다. 그러자 그녀는 밑도 끝도 없이 배시시 웃으면서 "이 남자, 상당히 재밌어. 한번 같이 놀아보면 알 거야"라고 했다.

서로 인사를 나누고, 웃으며 궁금한 것부터 물어봤다.

"혹시 음악 하세요? 머리도 그렇고, 록 음악 하시는 분 같아요."

"아, 네. 정식으로 하는 건 아니고 취미로 가끔 기타 치는 그 정도예요."

"영미하고는 잘 아세요?"

"네, 음악 이야기하다 친해졌어요. 영미와는 음악 취향이 상당히 잘 맞는 편이에요. 제가 워낙 프로그레시브록 같은 걸 좋아해서요."

"아, 어려운 음악들 좋아하시는구나. 영미도 그런 거 좋아하죠."

"어려운 게 아니라, 그냥 우리 주위에 부유하는 음향 같은 것일 뿐이죠."

어딘가 멍하니 허공을 쳐다보는 눈빛. 그의 입에서 갑자기 툭 튀어나온 낯선 단어가 분위기를 좀 어색하게 만든다. 각기 메뉴에서 음식을 고르고 가볍게 맥주로 술자리를 시작했다.

"그럼 영미처럼 출판업계 쪽에 계시나 봐요."

"네, 그렇습니다."

"주로 어떤 책에 관심이 많으세요?"

"인간의 영靈과 관계된, 우주를 가로지르는 힘의 존재 같은 그런 거죠."

약간 위험하다, 이 남자. 움찔하는 사이에 그가 내게 질문을 던진다.

"혹시 우주에 가득 찬 어떤 힘에 대해 느껴본 적 있어요?"

"음……. 기氣 같은 건가요?"

"그렇게 말할 수도 있을 거예요. 기라고 하는 사람, 우주 그 자체라고 하는 사람, 신이라고 하는 사람도 있겠죠. 아까 가게에 들어올 때 저한테 음악 하냐고 물어보셨죠? 저는 그때 사실 브라질의 프로그레시브록 그룹 '우즈 무탄치스Os Mutantes'의 노래를 생각하고 있었어요. 그런데 그런 질문을 하신 거죠. 이런 건 우연이 아니에요. 사람과 사람을 이어주는 힘의 증표랄까."

조금 낭패라는 생각이 들어 영미를 쏘아보았다. 그녀는 실실 웃으며 눈을 찡긋거린다. '재미있지 않아?'라고 말하는 것이다.

그의 이야기를 한참 동안 들었다. 어쨌든 재미있는 건 사실이다. 그는 책도 많이 읽은 것 같고 아는 것도 많다. 하지만 왠지 모르게 논리가 비약적으로 나아간다거나 모든 현상을 자신만의 원칙에 따라 설명하고 있는 것 같다. 어쨌든 본인 스스로는 상당히 진지하다. 어떤 사람들은 그의 열혈팬이 될 수도 있겠다 싶다.

그 사람의 마음속으로 한걸음

이 사람은 괴짜다. 재미있다고 생각하면 상당히 재미있는 사람이고, 위험하게 느껴진다면 무척 위험한 사람일 수 있다. 이들에 대해 약간의 경외심을 품으며 심오한 영감을 받을 수도 있다.

일단 이들의 겉모습에 주목하자. 대개는 표정이 상당히 굳어 있다. 표정 변화가 별로 없이 경직된 느낌이고, 지나치게 진지해 보일 수도 있다. 말투도 어딘가 독특한 뉘앙스를 풍기고, 단어 선택이 별나거나, 평소 잘 쓰지 않는 문어체를 사용하는 경우도 많다.

말하는 내용은 대개 비현실적인 것으로, 우주나 영혼, 기, 지구의 비밀, UFO나 외계인 같은 소재가 많다. 이들은 자신이 관심 있는 주제에 대해서는 깊은 지식을 가지고 있다. 그렇지만 상대방을 설득시킬 정도로 논리가 치밀하다거나 기존 종교나 상식과 일치되는 느낌은 아니고, 자기 편할 때로 짜깁기를 하는 경우가 많다.

이 타입의 사람들은 주로 사이비 종교인, 예술가, 연구자 등이 많으며, 심술쟁이 괴짜 타입이기 때문에 자연스럽게 대하기가 힘들다. 따라서 상대방이 자신에게 외경심을 품도록 만드는 경우가 많다. 횡설수설하더라도 따르는 사람이 있으므로 그를 중심으로 하나의 종교가 만들어질 수도 있다.

이 사람은 무슨 타입?

이러한 괴짜들은 보통 분열형 인격의 성향을 가지고 있다고 본다. 독특한 일에 관심이 있다고 해서 무조건 이쪽으로 몰아세워서는 안 되지만, 중요한 것은 이들 대부분의 관심사가 현실적이지 못하다는 사실이다. 이들은 인간에 대한 애정이나 관심이 부족하고 의심이 많은 편이어서 보통 비인간적인 분위기를 갖고 있다. 이 점이 오히려 신비감을 증폭시키기도 하지만, 이들과 개인적으로 엮일 경우 인간적으로 좋은 사이가 되기 힘들다.

분열형 인격 장애를 가진 사람은 친밀한 대인관계에 대해 고통을 느끼며, 관계 맺는 능력이 제한되어 있어서 사회적인 관계가 손상되거나 인지적·지각적 왜곡이 일어나는 등 기이한 행동을 하기도 한다. 이들의 구체적인 특징은 다음과 같다.

- '관계 망상'이 아닌 '관계 망상적 사고'를 한다. 이들은 어떤 일이 발생하면 연결시키기를 좋아한다. 예를 들어, 백반을 먹고 있을 때 50번 버스가 지나가면, 백반을 '100의 반'으로 연상하면서 50번 버스를 본 것이 무언가 의미 있는 일이라고 생각한다. 즉, 말장난처럼 연상을 거듭하고 나서 떠오르는 이미지 간에 어떤 의미와 관계가 있다고 보는 것이다. 다만, 망상 수준인지 아닌지는 그것이 바뀌지 않는 굳은 믿음인지 아닌지에 달려 있는데, 이들은 확실한 증거를 들이대면 어느 정도 자신의 뜻을 굽히기도 한다(그게 안 되면, 이미 조현병 레벨로 봐야 한다).
- 괴이한 믿음이나 마술적 사고를 가지고 있으며, 이것이 행동에 영향을 미친다. 예를 들어, 미신을 신봉한다거나, 텔레파시나 육감에 크게 의존한다거나, 영적인 세계에 대비한다면서 이것저것 절차를 치른다거나 하는 식이다. 자기 나름대로는 독창적인 행동이라고 생각하지만, 알고 보면 여러 종교의 의식을 합쳐서 자기만의 새로운 것으로 만들어내는 경우가 많다.

- 유별난 지각 경험을 가지고 있다. 기의 움직임을 느끼고, 머릿속에서 어떤 힘이 움직인다고 생각하며, 유체이탈이 일어난다고 믿는다. 우주와 일체가 된 듯한 느낌을 갖기도 하는데, 사실 이것이 종교적 체험인 경우에는 병적이라고 할 수 없다.
- 애매하거나 은유적인 언어를 쓰며 지나치게 자세히 상황을 묘사한다. 특히 일반적이지 않은 독특한 언어를 사용하는데, 한 자어라든가 자신만의 관념어 같은 것도 많이 사용한다. 관심 있는 부분에 있어서는 세세한 감정의 변화나 모양새까지 모두 묘사한다.
- 의심이 심하고, 편집적인 사고를 한다. 사실 이런 부적절한 감정을 느끼거나 감정이 부족한 것이 이 인격 장애의 가장 큰 특징이다. 그렇다고 해서 신비로운 주제에 관심 많은 사람을 두고 무조건 이쪽 성향을 먼저 생각하는 것은 곤란하다. 대인관계가 좋고 감정이 살아 있는 사람이라면, 분열형이라고 보기 힘들다.
- 직계가족 외에는 가까운 친구나 마음 털어놓을 수 있는 사람이 없다.
- 관계가 친밀해져도 사회적인 불안이 줄어들지 않는데, 이는 자신에 대한 부정적인 판단 때문이라기보다 편집적인 두려움 때문이다. 편집성 혹은 분열성 인격을 같은 카테고리에 넣어 놓은 이유는 이들이 두 가지 인격의 특성을 동시에 가지고 있는 경우가 많기 때문이다.

- 괴이하고 엉뚱하고 특이한 외모를 지니고 있거나 그러한 행동을 한다. 머리가 길어서 도인 같은 행색을 하고 다닌다거나(나도 머리를 기르고 다니는 바람에 이쪽 사람으로 오해 많이 받았다), 독특한 복장을 즐기는 편이다.

비슷한 타입의 사람들

이와 비슷하게, 신비로운 일에 관심이 많지만 성격이 밝고 사람들과 잘 지내는 타입도 있다. 영화 〈인디애나 존스〉 시리즈의 주인공 인디애나 존스나 그의 아버지를 생각해보자. 고고학자로서 항상 과거의 유물과 사라진 역사, 신의 힘 같은 것에 관심을 두고 있지만, 사회생활에는 그리 큰 문제가 없다. 이런 사람들은 관심사 자체에 몰두하는 것이 아니라, 자신을 실현시키는 도구로서 그것을 적당히 사용한다.

감정의 경직 혹은 편집성과 같은 특징이 없다면 분열형 인격으로 사람을 판단하는 것은 실수다. 무조건 다른 인격 장애가 있다고 보는 것 자체도 잘못이다.

하지만 굳이 진단을 해보자면, 평범한 인간의 영역을 벗어난 분야를 연구하며 스스로의 만족을 채우는 자기애성 인격이거나, 신비로운 주제로 타인의 관심을 끌고자 하는 연극성 인격일 가능성이 있다. 즉, 신기하고 눈에 보이지 않는 주제에 관심이 많다고 해서 꼭 이쪽 성격만 생각해선 곤란하다는 것이다.

대체 어떻게 대해야 할까

이들은 타인과 잘 지내기 어려워한다. 원래 편집적이라는 얘기도 있긴 하지만, 사실은 사람들에게 무시당하며 살아왔기 때문에 더 그럴지도 모른다. 밤낮 귀신이니 UFO니 같은 뜬구름 잡는 이야기만 하니 좋은 평가를 받기는 힘들지 않았겠는가.

치료하는 사람 입장에서는 이들이 진정으로 믿을 만한 사람이 없다고 여기며 항상 불안해하는 것이 문제가 된다. 따라서 상대방을 존중해주면서 사람과의 관계를 개선시키고 믿음을 가질 수 있도록 해주는 것이 치료의 주된 목적이다.

그렇다면 일반적인 관계에서는? 어쩌다 알게 된 사람이 나에게 은밀히 이렇게 이야기할 때 당신은 어떠한 태도를 취할 것인가?

"실은 나 귀신이 보여. 지금 네 등 뒤에도 한 사람 서 있어."

대개는 반신반의하면서 재미있게 여길 것이고, 어떤 사람은 이 말을 진심으로 믿으며 이들의 언변에 넘어갈 수도 있고, 어떤 사람은 미친 인간 취급을 하면서 관계를 끊어버릴 수도 있다.

일반적인 관계에서 이 타입의 사람을 만날 때는 세 가지를 조심해야 한다.

먼저, 막연한 동경심을 품지 말 것. 그 사람의 신념이 독창적이고 그럴듯해 보일 경우 받아들이는 사람의 자아가 약하다면 쉽게 동화될 수 있다. 사이비 종교를 만들어 불쌍한 사람들 등쳐먹고 사는 수많은 사이비 교주를 보면 저런 나쁜 놈들이 있나 싶겠지만, 사실 그들이 아니어도 약한 자아를 가진 사람은 자신이 믿고 싶은 것만 믿고 결국 어디에든 빠져들게 된다. 당신도 그렇게 되지 않을까 조심해야 한다.

두 번째는 너무 냉정한 태도를 보이는 경우인데, 받아들이는 사람이 너무 현실적이라면 신비로운 이야기를 하는 상대방을 폄하하거나 무시하기도 한다. 이렇게 되면 서로 재미가 없으니 더는 관계가 이어지질 않는다. 자신이 현실적인 타입이라고 생각한다면, 이러한 이들을 만났을 때 무시당했다는 생각만 들지 않게 대해주어라. 서로 손해 보는 일은 없을 것이다.

문제는 세 번째이다. 즉, 앞의 예화에 나온 영미처럼 노골적으로 이들을 놀림감으로 삼는 사람이 있다. 분열형 인격인 사람은 겉으론 사람들이 비웃어도 아무렇지 않은 듯 행동하지만, 속으로는 다른 이들처럼 매우 속상해한다. 사람인데, 왜 아니겠는가? 이들의 속마음이 다치지 않게 조심하지 않는다면, 괜히 분위기 파악 못 하고 앞에서 웃고 떠들다가 뒤통수를 맞을 수도 있다.

"너, 뒤에서 내 욕한 거 아니야?"
: 의심 많은 사람

    나는 중학교 2학년이다. 우리 동네에는 맛은 좋지만 손님이 별로 없는 떡볶이 집이 하나 있다. 주인 아저씨가 사람을 정말 기분 나쁘게 만들기 때문이다. 튀김 세 개 먹었는데 네 개 먹었다고 우길 때도 있고, 받은 돈을 안 받았다고 하다가 나중에 계산해보니 아저씨가 착각했던 경우도 있다. 그럴 때도 "미안하다" 소리 하나 없이 혼자 구시렁거릴 뿐이었다.

    지난번에는 길거리에서 어떤 아주머니와 대판 싸우고 있는 것을 봤다. 아주머니가 흥분해서 "이놈아, 말이 되는 소리를 해야지! 내가 언제 남자를 만났다고!"라며 소리를 지르고 있었고, 아저씨는 원망스러운 눈길로 아주머니를 가만히 노려보고 있었다. 아마 부인인 모양인데, 참 동네 부끄러운 일인지를 아는지 모르는지 그 아저씨는 한참을 그러고 있었다.

오늘도 정말 기분이 나빴다. 그곳에서 튀김을 먹고 있는데 옆에 떨어진 노트를 봤다.

"어라? 노트가 떨어져 있네. 아저씨, 이거 누가 떨어뜨리고 갔나 봐요."

나는 노트를 주워 아저씨에게 건네드렸다.

"야, 너 뭐하는 거야! 우리 집 장부를 네가 왜 들고 있어? 너 그거 가지고 뭐하려고?"

"네? 이거 그냥 여기 떨어져 있던 거예요."

"그게 왜 거기 떨어져 있어? 내가 분명히 책상 위에 뒀는데!"

"아니, 제가 그걸 어떻게 알아요? 전 그냥 있으니까 주워드렸죠."

억울해서 어이없는 표정을 지으며 말했더니, 아저씨도 약간 수긍하는지 멈칫한다.

"전에도 돈 안 내고 냈다고 하질 않나."

"그때는 아저씨가 틀린 거라고 했잖아요."

그러자 갑자기 나를 매섭게 노려본다. 마치 며칠 전에 아주머니를 노려볼 때와 비슷한 느낌이다. 괜히 무서운 느낌이 들어서 "자요, 돈 여기 있어요" 하고 나와버렸다.

다시는 이 가게 오지 말아야지. 아니, 소문을 내서 이 아저씨를 동네에서 쫓아내 버릴까? 너무 화가 난다.

그 사람의 마음속으로 한걸음

앞의 분식점 아저씨를 보면 어떤 모습이 연상되는가? 잘 웃지도 않고, 언제나 경직되어 있고, 가족들에게도 항상 긴장된 모습일 것 같고, 사소한 걸로 사람을 의심하며, 주변 인물들과 잘 지내지 못할 것만 같다.

이 사람의 핵심은 바로 '의심'이다. 사람을 잘 믿지 못한다. 뿐만 아니라 자신이 잘못 판단했다는 사실 자체를 결코 인정하지 않는다. 항상 남들만 탓한다.

이 사람은 무슨 타입?

앞의 예화에 나온 아저씨 정도로 사람을 기분 나쁘게 대하는 사람이라면 바로 이 진단을 붙여도 충분하다. '편집성 인격 장애.'

이들은 항상 다른 사람을 의심한다. 이런 부류가 가장 많이 모인 곳이 정치나 언론 쪽이라고 생각했는데, 요즘은 인터넷 댓글이나 SNS에 더 많이 모여 있는 것 같다. 상대방이 무슨 말 한 마디만 하면 그 배후의 의미를 한참 배배 꼬아서 생각하고, 나와 반대파면 무슨 말을 하건 일단 반대부터 한 후 문제점을 지적한다. 이처럼 타인의 동기를 악의에 찬 것으로 해석하는 등 광범위한 불신과 의심을 품는 것이 편집성 인격의 대표적인 특징이다. 그 밖의 특징들을 정리하면 다음과 같다.

- 충분한 근거 없이도 타인이 자신을 착취하고 해를 입히거나 속인다고 의심한다. 자신에게 안 좋은 일이 있을 때 남 탓을 해본 적이 있는가? 나는 남 탓을 잘 하지 않는다고? 나는 책임감이 강하다고? 그것 참 부러운 일이다. 나는 내 배가 부르면 아까 반찬을 많이 해준 아내를 탓하고, 내 머리가 가려우면 새로 산 샴푸의 제조사를 욕하고, 오늘따라 내담자가 많으면 스케줄을 무지막지하게 잡은 직원을 탓하는데 말이다. 당신은 참 성숙해서 좋겠다.

사람은 전적으로 자기가 잘못해 벌어진 문제조차 남들이 잘못해서 불거진 것이라고 얘기하고 싶어 한다. 아마 자신에게 문제가 있다고 생각하느니 비논리적이어도 원인을 외부에 두는 걸 훨씬 편하게 느끼는 듯하다. 거의 자기 보호 본능에 가까워 보인다. 모든 종교에서 '자신을 정당하게 포장하려는 본능을 이겨내라'는 가르침을 전해왔지만, 그다지 성공적인 것 같지는 않다.

- 상대방이 자신을 괴롭힌다고 생각하다 보니, 상대방의 장점이 전혀 눈에 들어오질 않는다. 상대방이 성실하다 해도, 그것이 자신을 괴롭히기 위한 성실로 보일 정도다.

"저 녀석, 그래도 너 오기 전에 사무실 청소도 다 해놓더라고. 너한테 잘 보이려고 하는 것 같아."

"청소? 내가 그런 걸로 화내는 것 같아? 하! 나를 우스운 놈 만들고 있군. 그놈은 그렇게 해서 나를 이상한 상사로 만들려는 거야."

이런 식이다.

- 정보가 자신에게 악의적으로 사용될 것이라는 부당한 공포 때문에 터놓고 얘기하기를 꺼린다.
- 사소한 말이나 사건을 가지고, 자신의 품위를 손상시키려 한다거나 하는 위협적인 숨은 의도가 있다고 해석한다.

"이번에 그 일, 왜 저한테 주지 않으셨어요?"

"아, 네가 딴일 하느라 좀 힘들어할 것 같아서 그랬지."

"그러니까 나는 그런 일 두세 개 정도는 못할 사람이다, 그런 얘기네요?"

상대방이 어떤 이야기를 해도 그 안에서 꼬투리를 잡아내는 것이다.

- 오랫동안 원한을 풀지 않는다. 모욕, 상해, 경멸 등을 용서하지 않는다. 앞의 예화에서 떡볶이 아저씨는 중학교 2학년생이 돈을 내고도 자기를 놀리기 위해 내지 않은 척했던 것, 몰래 노트를 주워 자기를 착각하게 만들며 수모를 안겨준 것, 이 모든 일을 한참 동안 기억할 것이다(당연히 혼자만의 착각이지만). 심지어 10년쯤 뒤에도 그 일을 기억하면서 대학생이 된 그 아이를 경계할지 모른다. 흔히 우리 민족은 냄비 근성을 가지고 있다고들 비판하지만 꼭 그렇지도 않은 것이, 감정에 휩싸여 난리를 친 뒤 조금 있으면 지쳐서 당장은 잊어버리려 든다. 복잡한 건 싫어하니까. 하지만 두고두고 한을 품었다가 10년, 20년

이 지난 뒤에도 비슷한 일이 있으면 그때 그 감정 그대로 또 싸운다.

- 타인에게는 그렇게 보이지 않지만 자신의 성격이나 명성이 수시로 공격당했다고 느끼고 즉시 화를 내거나 반격한다.
- 배우자나 성적 파트너의 정절을 이유 없이 반복적으로 의심한다. 소위 말하는 '의처증' 혹은 '의부증'이 있는 것. 상대방을 왜 의심하는가? 자기 자신에게 바람피우고 싶은 욕망이 있기 때문이다. 인간이라면 누구나 다른 파트너를 만나고 싶다는 생각 정도는 할 수 있는데, 이를 인정하기 힘든 경우 자기 안의 본능을 상대방에게 투사해버린다. '나도 이런 생각을 하는데 너는 안 하겠느냐'는 것이다.

비슷한 타입의 사람들

항상 부정적인 사람도 있다. 다음의 이야기로 가보자.

같이 일하는 세원이는 투덜이다. 심드렁한 얼굴에 늘 짜증스러운 표정을 짓고 다닌다.

"어이, 뭐하냐?"

"뭐하긴. 일하는 거 안 보여?"

"왜? 너 지난번에 그거 다했다고 했잖아."

"이놈의 회사는 나한테 다 뒤집어씌우려고 안달이 났지. 부장이 이번에 또 일 시켰잖아. 그 인간은 내가 쉬는 꼴을 못 봐."

"야, 그래도 그 인간 너 좋아하잖아."

"좋아하면 나한테 이렇게 다 맡겨놔도 돼? 나 이번 주말은 쉬지도 못하게 생겼어. 내가 잊나 봐라. 언젠가 복수해줄 테다."

"어이구, 됐다. 커피 좀 마실래?"

"너도 똑같은 놈이야. 나 잠 깨라고 먹이는 거지? 너 나 감시하러 왔지? 부장 앞잡이 같은 놈."

"야, 먹기 싫음 관둬. 난 사주려고 했더니!"

"알았어, 사줘. 아, 미치겠네! 이걸 언제 다하지?"

이렇게 막말을 좀 하긴 하지만, 그래도 괜찮은 녀석이다. 놀 때는 재미있게 놀고, 농담도 잘 하고, 자기가 힘들어지면 엄청나게 투덜거리지만 그것이 진심은 아니다.

위와 같은 투덜이 스타일, 아마도 회사나 주변에서 많이 볼 수 있을 것이다. 굳이 말하자면 나도 이 부류에 속한다. 남 탓하기 좋아하고 구시렁거리고 자기 기분 나쁠 때면 삐친 게 얼굴에 확연히 드러난다. 이들은 그다지 위험하다고 느껴지지 않으며, 오히려 귀엽게 보이기도 한다.

그럼에도 불구하고 앞서 제시한 진단사항들을 하나하나 체크해보면 상당수가 여기에 해당되는 것을 알 수 있다. 상대방의 의도를 의심하고, 나쁘게 해석하고, 자기가 모욕당한 걸 잊지 않으려 하는 것 등이 그렇다.

이런 차이가 왜 생기는 걸까? 그것은 이 사람의 의심과 투덜거림이 진담 반, 농담 반이기 때문이다. 아까도 말했듯이 인간이 자신의 문제를 타인에게 전가하고 싶어 하는 것은 거의 본능에 가까운 행동이다. 이들은 자신의 괴로움이 온전히 자기 탓이라고만 생각하는 것에 너무 스트레스를 받는다. 따라서 이성은 그렇지 않다는 걸 아주 잘 알고 있으면서도 남 때문에 그렇다고 말하고 싶은 것이다. 누군가가 진지하게 "정말로 그렇게 생각해요?"라고 물어보면 "아뇨, 농담이지 뭘 그걸 그렇게 받아들이세요?"라고 말할 것이 분명하다.

이런 사람들은 겉으로 드러나는 모습만 보고 인성을 판단해서는 곤란하다. 저 사람이 하는 말이 진심인지 거짓인지 아는 것도 중요하지만, 반 농담인지 혹은 아무 의미 없이 지껄이는 건지(대개 술에 취해서)도 파악해야 하며, 때때로 그 사람의 본능이 거칠게 튀어나오더라도 이성이 깨어 있다면 순수한 진심이 아니란 사실을 인정해야 한다.

대체 어떻게 대해야 할까

편집성 인격 장애를 가진 이들 역시 치료가 잘 되지 않는다. 되지 않는 정도가 아니라 치료하는 입장에서도 매우 조심해야 한다. 의사라고 하여 이들의 의심에서 벗어날 리는 없기 때문이다. 도와주려는 사람까지 의심하는 데야 방법이 없을 수밖에.

나를 의심하는 사람을 상대할 때는 화내지 말고 관대하게 대하는 것이 맞겠지만, 사회생활을 하면서 이런 사람을 만나게 되면 특별히 이해관계를 같이 하지 않는 다음에야 가까이 하기가 매우 힘들다. 적어도 의심 사지 않을 만한 거리를 적당히 유지하고, 과장되지 않은 미소(너무 웃으면 기분 나쁘다고 의심한다)나 품격, 실수 없는 깔끔한 돈 관계 정도만 유지하면 되지 않을까 싶다.

　문제는 가족 중에 이런 사람이 있을 때다. 평생을 함께해야 하는데, 아무래도 편하게 대하기는 힘들다고 봐야 한다. 대개는 아버지가 편집성 인격이라 가족들이 너무 힘들어해 내원하는 경우가 많다. 이때 아이들은 아버지의 근거 없는 분노에 주눅이 들어 있고, 부인은 무기력한 표정으로 눈치만 보고 있다. 가족 모두 아버지에게 맞설 수 있는 자아가 확립되지 않은 채 길들여져 있어서, 의사가 어떤 방안을 제시해도 무기력한 반응만 나온다. 자연히 치료에 협조를 받기도 힘들다. 어머니가 편집성 인격일 수도 있겠지만, 여자의 경우는 이혼하거나 가족들과 별거하고 있는 경우가 더 많은 것 같다.

　가족 중에 이런 경향이 있는 사람을 대하는 방법에 대해 책에서는 다음과 같이 말한다. 원칙을 지키고 관대할 것. 스스로가 불안해서 상대방을 의심하는 것이므로 항상 편안하게 대해주려고 노력할 것.

　내가 임상에서 겪은 바로는 '원칙을 지킨다'는 계명이 가장 중요한 것 같다. 절대 일방적으로 당하지 말 것. 가족들이 똘똘 뭉쳐서 맞설 것. 상대방의 밑도 끝도 없는 의심에 분명하게 거부 의사를 밝힐 것.

상대방이 불합리한 폭력과 의심으로 나를 대할 때는 어떻게 해야 할까? 일단은 피해자끼리 단합해서 맞서야 한다. 우리가 함부로 취급당할 대상이 아님을 분명히 한 다음에라야 자비도 있고 용서도 있다. 상대방이 어느 정도 이쪽을 인정하고 나면 그때부터는 관대하고 편안하게 대해주면 된다.

정말 열심히 했는데도 사람이 바뀌지 않는다면? 글쎄, 어쩔 수 없다. 서로 지속되는 악연을 끊고 따로 사는 게 낫지.

5장

타인에게 자신을
보여주지 못하는
사람들

"넌 날 싫어해. 난 네가 무서워"
: 타인과 눈도 못 마주치는 사람

조카 미림이는 방 안에서만 지내려고 한다. 믿는 사람이라면 부모와 이모인 나 정도? 어릴 때부터 부끄러움을 많이 타서 친척들과 만나도 말을 못 하고 뒤에 숨어 있곤 했다. 항상 엄마만 찾는데, 미림이 엄마 역시 미림이가 불안해한다고 느끼면 아무 생각 없이 안아주며 사람을 피하게 해줬다.

지금은 고등학교 2학년인데, 자퇴를 하겠다면서 학교를 나가지 않고 집에서만 지낸다.

"미림아, 오늘 이모랑 쇼핑몰 갈래?"

"싫어. 난 그냥 집에 있는 게 편해."

"넌 왜 학교를 안 가니? 이모한테 말해봐. 학교에서 안 좋은 일 있었어?"

"실은 애들이 무서워. 애들이 날 싫어해."

"너는 친구 없어?"

"소영이 한 명. 걔는 공부도 잘하고 나한테 참 잘해줘. 근데 걔밖에 친구가 없어."

"애들이 왜 널 싫어하는데?"

"내가 못생겼잖아. 공부도 못하고. 나도 몰라."

"너 정도면 예쁜 편이야. 공부도 중간 이상은 되잖아. 아니, 그것보다 공부 못한다고 친구를 싫어하는 애들이 어디 있어?"

"아냐! 애들이 정말 날 별로라고 생각한단 말이야."

"그럼 너 이대로 학교 안 갈 거야? 고등학교 졸업하고, 대학 가고 안 할 거야?"

"안 다닐래. 혼자 있는 게 훨씬 편해. 공부도 혼자 하는 게 더 나을 것 같아."

그 사람의 마음속으로 한걸음

이 아이에게는 다른 사람이 자신을 싫어한다고 생각하는 피해의식도 좀 엿보이지만, 기본적으로 자신감 없음이 읽힌다. 이러한 타입은 나름대로 괜찮은 구석을 가지고 있음에도 불구하고 자신이 매우 부족하다고 생각하며, 사람들이 자신을 온전히 받아들여주지 않으면 매우 무서워하면서 피한다.

겉으로만 보면 내성적인 사람 정도로 파악할 수 있다. 말수가 적긴 하지만 사람들과 같이 지낼 때는 그렇게까지 이상한 점이 보이지 않는다. 그러나 사실은 엄청난 불안을 견디면서 그 모습을 유지하고 있는 것이다. 따라서 불안 수준이 너무 높아지면 갑자기 사람들 시야에서 사라져버리곤 한다.

이 사람은 무슨 타입?

처음 만나는 사람에게 어느 정도 거리를 두는 이들을 두고 '낯을 가린다'라고 하는데, 이는 다른 말로 하면 '대인관계에서 불안 수준이 높다'는 의미이다. 자신이 강하지 못하다고 느끼는 분야에서 우리는 막연히 불안감을 느낀다. 이는 나도 마찬가지다.

나는 원래 말을 쉽게 하는 편이 아니라서 친한 사람과는 수다를 많이 떨지만 조금만 어색한 자리에 가면 과묵 그 자체로 돌변한다. 그런데 정신과 의사가 된 뒤부터는 시끄러워졌다. 불안하다 보니 말을 쉽게 못 했던 것이지, 수년간 업무상 다양한 대화를 나누며 '수련'했더니 사람과 대화하는 게 그리 어렵지 않다는 걸 알게 된 것이다. 지금도 병원에서 상담할 때는 나 스스로 감탄할 만큼 나불나불 잘도 얘기하는데, 정신과적 주제를 말하기 어색한 자리에서는 입 다물고 조용히 경청만 하게 된다.

이런 경향이 유달리 심한 사람은 어떻게 될까? 자기 자신에 대해 워낙 자신이 없고, 그러다 보니 매사 자신감이 떨어지고, 사람들이 두렵고, 자신을 어릴 때부터 가깝게 보아온 사람들하고만 관계를 유지할 수 있는 그런 부류. 소위 은둔형 외톨이의 일부가 여기에 해당될 것이다. 이들은 어릴 때 함구증mutism(말수가 거의 없고 오로지 가족 정도만 알아들을 수 있게 말하는 증상)을 가지고 있었던 경우도 많다. 이들을 일컬어 '회피성 인격 장애'를 가졌다고 하는데, 진단 기준을 보면 다음과 같다.

- 비판이나 거절, 인정받지 못한 기억 때문에 의미 있는 대인관계나 직업을 가지지 못한다. 이들은 조금이라도 비판받거나 거절당하면 매우 예민해져서 직장생활이나 학업을 오래 영위하기 어렵다. 주로 집에서만 머무르려고 하며, 자신이 믿을 수 있는 건 부모·형제 정도이기 때문에 후에도 경제적으로 그쪽에 의지하는 편이다.

- 상대방이 자신을 좋아한다는 확신이 없으면 그와의 관계를 피한다. 중요한 것은 '자신을 좋아한다'는 것이 무엇을 의미하는지다.

  보통 우리가 사람을 만날 때는 경우에 따라 수없이 많은 느낌을 받는다. 보자마자 곧바로 호감을 갖게 되거나, 사랑에 빠지거나, 짜증부터 나거나. 심지어 혐오스러워 멀리하고 싶은 사람도 있을 것이다. 하지만 대부분은 그리 좋지도 싫지도 않은 애매한 감정을 갖게 마련이다. '재미는 있는데, 약간 경박해 보인다' '얼굴은 비교적 싫지 않은데 코가 좀 크네' '사람이 나쁘진 않은데 건방진 듯도 싶고' 같은 것이 일반적인 생각들 아니겠는가. 하지만 이들은 흑백논리로 매사를 판단하기 일쑤다. 나를 좋아하지 않는 것 같으면 싫어하는 것이라고 막연히 단정하고 그를 피해버린다. 그러한 행위가 오히려 상대방에게 비호감이 되는 원인이 됨에도 불구하고 말이다.

- 수치심에 대한 두려움으로 가까운 대인관계만 유지한다.

- 거절당하거나 비판받는 상황을 두려워한다.

- 새로운 대인관계를 만들려 하지 않는다.

- 타인에 비해 자신이 열등하다고 생각한다. 그러나 실제로는 열등하기는커녕 재능이 매우 뛰어난 사람들도 이 부류에 많이 끼어 있다. 외모도 꽤 출중한 편이거나 공부도 전교에서 수위에 들거나 하는 경우가 많다.

  그러나 뿌리 깊은 열등감은 어쩔 수 없어서 어떤 사람을 만나도 자신의 부족한 점을 먼저 찾아낸다. 1등을 하면서 꼴등인 친구를 보면 "걔는 친구가 많잖아요. 걘 정말 행복할 거예요. 나 같은 애는 사람 취급도 안 하는 것 같아요"라고 말하며 주눅이 드는 식이다.

- 당황하는 것이 두려운 나머지 새로운 일을 벌이거나 새로운 곳에 가거나 개인적인 위험을 감수하는 것을 힘들어한다. 자신이 무언가를 잘 하지 못한다는 사실이 견디기 힘들어서 그러는 것인데, 남들이 자신을 우습게 보거나 모자라다고 생각하는 것을 매우 싫어한다.

비슷한 타입의 사람들

회피성 인격 장애를 가진 사람들은 타인을 피한다는 점에서 분열성 인격 장애를 가진 사람과 유사해 보일 때도 많지만, 그들에 비해서는 내부의 감정이 잘 살아 있는 편이다(물론 너무 숨기기 때문에 잘 파악하기는 힘들다).

이들이 분열성 인격보다 자기애성 인격의 극단적인 한 형태에 해당된다는 말이 더 그럴듯하게 들리곤 하는데, 이는 이들의 자존심이 너무 높아서 자신이 조금이라도 실패하면 견딜 수 없는 것처럼 보이기 때문이다. 상극끼리는 통한다고, 이들도 기회만 다르게 주어졌더라면 거만하고 사람을 우습게 여기는 타입이 되었을지도 모른다.

사람들을 보다 보면 이런 점을 많이 느낀다. 정말 선한 자와 정말 악한 자의 기본적인 성격은 비슷하다든가 하는 식이다. 다들 아는 얘기지만 학생 운동을 열심히 하던 사람들이 나중에 정치에 입문하고 나서 오히려 더 비민주적인 행동을 하고 있는 경우를 심심찮게 보게 된다. 인간들은 그럴듯한 명목으로 행동하지만, 그 뒤에 있는 무의식적인 욕망을 눈여겨보다 보면 그 사람이 평소 주장하는 이야기나 신념이 다 부질없어 보일 때도 많다.

대체 어떻게 대해야 할까

실제로 흔히 보게 되는 타입은 매우 내성적이거나 낯을 많이 가리는 사람들이다. 보통 여자가 더 많은 편인데, 이런 모습이 매우 여성적으로 보이기 때문에 매력적으로 느껴질 수도 있다. 따라서 주변 사람들이 적극적으로 대시하기 쉽다.

물론 사람에 따라 적극적인 대시가 통하는 경우도 있지만, 이 부류의 사람들은 불안하면 회피하는 경향이 강하므로 조금씩 천천히 접근하는 것이 좋다. 특히 칭찬을 많이 해주어야 한다. 자신이 상대방에게 온전히 받아들여지는지 여부에 대해 의심이 많아서 '나는 당신의 거의 모든 것이 마음에 들어요'라는 마음가짐으로 접근해야 한다. 이들은 거절에 예민하기 때문에 어쭙잖게 문제점을 지적해서는 안 된다. 물론 이런 부분도 잘만 이용하면 괜찮은데, 문제점을 지적한 뒤 곧장 상대방의 장점을 강하게 부각시키면 나를 진실만 말하는 사람으로 인식하게 되어 신뢰가 쌓일 수 있다.

이들과 친해지는 과정은 마치 낚시질을 하는 과정과도 같아서 꾸준히 참을성을 가지고 여러 번에 걸쳐 접근하는 것이 중요하다. 부끄러움이 많은 여자의 마음에 들기 위해 갖은 수로 잘 보이려 노력하는 남자를 상상한다면 거의 확실할 것이다. 문제는 그 다음이다. 이들은 자신에게 너무 자신이 없기 때문에 사소한 지적이나 불평에도 마음을 다쳐 관계를 끊으려 한다. 이런 사실을 알지 못하고 사귀게 되면 답답해질 수밖에 없다.

따라서 어느 정도까지는 먼저 다가간 사람이 이들을 개선시키려고 노력해야 한다. 자기 자신을 매개로 해서 다른 사람들과도 편하게 느낄 수 있도록 도와주어야 한다. 여기서도 중요한 것은 끝없는 인내심이다. 다른 사람들과 섣불리 접촉시키려 하면 오히려 실패하기 쉬우므로, 천천히 조심스럽게 접근할 필요가 있다.

"원칙 없으면 못 살아"
: 일이나 생활에 융통성이 없는 사람

최 주임은 일 중독자다. 휴일에도 회사에 나와 사소한 일들을 체크한다. 그런다고 회사에서 월급을 더 주는 것도 아닌데 왜 저러는 걸까? 승진을 제대로 했느냐 하면 그것도 아니다. 아부까지는 바라지도 않는다. 상사의 문제점을 속속들이 따지다가 문제를 일으킨 것만 벌써 세 번째다.

다른 사람들도 그를 다루는 걸 어려워하기 때문에 적당히 이쪽 라인 책임자로 던져놓은 듯하다. 솔직히 말해, 일을 잘하는 것도 아니다. 너무 꼼꼼해서 다른 사람 일을 하나하나 다 참견하고 따지다 보니 능률이 떨어지는 편이다.

최 주임과 식사를 하다 문득 그의 옷이 눈에 들어왔다.

"최 주임님, 그 작업복 5년 전에 나왔던 그거네요. 안 바꾸셨어요?"

"응. 바꿀 이유가 없잖아."

"굉장히 검소하신 것 같아요."

"그렇지. 나는 물건 못 버려. 집에 가면 사소한 물건도 다 모아놓지."

"주임님이 너무 꼼꼼하셔서 사모님이 힘드시겠어요."

"처는 내가 하라는 대로 해. 원칙대로 하는데 불만이 있을 게 없지. 그건 그렇고 지난번에 자네 내가 하라고 한 일은 다 했나?"

"아. 그거요? 죄송해요. 아직 다 못 했어요."

"좀 있다가 정리하던 거 가지고 나와. 나와 같이 하지."

으악! 이 사람하고 같이 일하면 오늘 저녁 내내 해야 하는데, 큰일이다. 그냥 다 했다고 거짓말할걸.

그 사람의 마음속으로 한걸음

최 주임은 그냥 까다로운 상사 정도로 보이긴 한다. 이 사람의 성격은 일단 '일이나 원칙을 좋아한다'는 것이다. 윗사람과의 관계가 편하지 못한 걸 보니, 잘못된 걸 보면 참지 못하고 융통성도 별로 없을 것 같다.

구두쇠일 가능성도 있다. 처가 힘들지 않겠느냐는 말에 그런 거 없다고 대답하는 걸로 봐서는 아내에게 그리 잘 할 스타일도 아니다. 왠지 모르게 가계부를 한 줄 한 줄 체크할 것 같은 타입이다. 사람 자체는 일에 전념하는 성실한 인물이지만, 아랫사람 입장에서는 이런 상사가 부담스러울 수밖에 없다.

이 사람은 무슨 타입?

이러한 사람을 보통 '강박성 인격'이라고 판단한다. 물론 이들을 그저 원리원칙에 맞춰 사는 괜찮은 사람 아니냐고 생각할지도 모른다. 자꾸 하는 얘기지만 이들이 질환을 앓고 있다고 보지는 말아줬으면 좋겠다. 그냥 강박적인 성향이 이 사람 타입이라는 것만 받아들이면 된다.

사실 강박성 인격은 의사 같은 전문직에서도 많이 볼 수 있고, 위대한 인물 중에서도 많이 발견된다. 이순신 장군 같은 사람이 대표적인 인물이다. 전쟁이 아니어도 항상 준비하고 있고, 원칙주의자이고, 불의를 보면 참지 못하고, 이기지 못할 전쟁은 나가지 아니하며, 뭐든지 완벽하게 계획을 세워 임하는 인물이라는 점을 생각할 때 틀림없어 보인다.

이들은 일을 완벽하게 마치려고 한다는 커다란 장점을 가지고 있어서 시간 및 능률만 확실하다면 큰 업적을 세울 가능성이 크다. 다만 그 주변 사람들은 좀 힘들어해서, 윗사람한테는 거추장스럽고 동료들에게는 버겁고, 부하들에게는 어려울 수 있다. 그러나 전시戰時 같은 위급한 시기에는 이러한 타입이 사람들에게 인정을 받을 수 있다. 생각해보라. 평화로운 시기에 이순신 같은 사람이 있다면? 아마 요즘 같았으면 '쓸데없는 곳에다가 국민의 혈세를 지출한다' '근거 없이 전쟁 위험을 강조하는 전쟁광이다'라고들 하며 난리가 날 게 뻔하지.

이들의 진단 기준을 살펴보자.

- 세밀한 부분들, 규칙, 명단, 순서, 기구, 조직 혹은 시간표에 집착하느라 작업의 주안점을 놓치고 만다. 이 이야기를 하면 상당수의 학생들이 피식 웃는다. 나도 학창시절에 시험이 가까워지면 정작 공부는 하지 않으면서, 책상에 앉아 책 정리하고, 볼펜 사고, 연습장 구비하고, 계획표 짜고, 책 제목에 형광펜 칠하고, 더 딴짓 할 게 없으면 그제야 어쩔 수 없이 공부를 시작하곤 했다. 이런 짓들을 하느라 시험 직전까지 공부를 제대로 시작하지 못하는 사람이 있다면 바로 강박성 인격에 해당된다고 봐야 한다.

- 작업 끝내는 것을 방해할 정도의 완벽주의가 언제나 몸에 배어 있다. 심지어 자신의 엄격한 기준을 도저히 만족시킬 수 없어서, 이미 실행에 들어간 계획을 끝마치지 못하는 경우도 생긴다. 사실 강박성 인격 장애의 가장 큰 문제는 여기에 있다. 너무나 엄격하기 때문에 사전 준비만 계속하다가 정작 실전에서는 지고 마는 것이다(이순신 장군은 그런 면에서 문제가 없는 것 같지만). 이들은 사실 완벽해지고 싶어 한다기보다는 실수하는 것을 견디지 못하는 쪽에 가깝다. 완벽성을 추구하나 절대 완

벽하지 못한, 아니 허술하기 짝이 없다는 것이 이 성격의 가장 큰 병리다.

- 명백한 경제적 필요가 없는데도 불구하고 여가활동이나 친구 관계 없이 일과 생산성에 지나치게 헌신한다. 원리원칙에 맞춰 살다 보니 대개 취미도 별로 없고 여가생활도 부족한 편이다. 융통성이 없으니 친구도 많을 리 없다. 따라서 일 중독에 빠져 있거나, 남들이 보기에 지루할 것만 같은 운동을 반복하곤 한다.

- 도덕, 윤리, 가치의 문제에 있어 지나치게 양심적이고 빈틈없고 완고하다(문화적·종교적 차이로 인한 것이 아님). 이 완고함이 바로 문제다. 이들은 사물을 생각할 때 여러 가지 측면을 보질 못한다. 자신이 중요하다고 생각하는 그 부분만 완벽하면 된다. 다른 부분은 보이지 않기 때문에 매우 허술하다. 따라서 도덕적 측면에서도 원리원칙만 따지는 경우가 많은데, 이러한 사람이 법을 집행하는 위치에 있으면 그래도 문제가 덜하다. 자녀에게조차 법 집행하듯이 하고, 친구들조차 융통성이 전혀 없이 대할 때가 정말 큰일이다. 이 사람의 가장 큰 문제는 인간 자체가 불완전한 존재라는 고차원적인 사실을 인식하지 못한다는 데 있다. 수학으로 따지자면 정수나 소수는 잘 이해하지만 무리수 같은 개념을 전혀 이해하지 못하는 것과 비슷하다. 정수와 소수는 더하고 빼면 항상 일정한 결과를 낳지만, 그 사이사이에는 우리가 셀 수 없는 무리수가 가득하다는 사실!

이런 건 초등학생만 되어도 배우는데 말이다.

- 별로 가치가 없는데도 낡은 물건들을 버리지 못한다. 나 역시 초등학생 때 쓰던 지우개라든가 작은 인형을 아직까지 가지고 있긴 하다. 이들은 이보다 더 사소한 물건마저 잘 버리지 못한다. 휴지심이라든가, 철사 한 조각, 깨진 컵 조각 같은 것도 필요성을 생각해내고 보관해둔다. 음, 그러고 보니 나도 35년째 언젠가 쓸지도 모른다며 모아둔 종이가 한 묶음 있다는 게 기억나버렸다.

- 자신이 하는 방식을 다른 사람들이 정확하게 따라 할 수 있을 때까지 그들에게 일을 맡기거나 그들과 함께 일하는 것을 주저한다. 그러다 결국 혼자 한다. 워낙 일의 진행순서나 서식, 형식에 집착하기 때문에 다른 사람이 이를 지키지 않으면 마치 일의 순수성이 파괴된 것만 같은 느낌을 받는다.

- 자신이나 남에게 돈을 쓰는 데 매우 인색하며, 미래의 파산에 대비하여 돈을 모아야 한다고 생각한다.

- 엄격하고 완고하다. 그래서 구두쇠라 불리는 부자 중에 이 타입이 많다. 빌딩을 두세 채 가지고 있으면서도 단돈 만 원을 잘 쓰지 않는 작자가 바로 이들이다. 대개 이런 사람일수록 만나 보면 외곬인 데다 타인의 인간적인 충고는 무시하는 경우가 많다. 물론 자신이 관심 있는 문제, 특히 돈 버는 문제에 관한 충고라면 열심히 귀 기울인다.

비슷한 타입의 사람들

이 사람들, 그렇게 이상한 부류만은 아니다. 이들이 주변 사람들을 생각하기도 하고, 자신의 감정 표현을 원활하게 하고, 가끔씩 돈도 쓰고, 융통성도 조금은 있는 편이고, 일도 끝까지 완벽하게 해내려 하는 노력파라고 생각해보자. 이순신 장군처럼 완벽한 사람이 되어버린다. 참, 괜찮다.

사회적으로 성공한 사람들은 대부분 강박적인 면을 가지고 있다. 성공하려면 성취에 대한 강력한 집착이 필수이기 때문이다. 유명한 대기업의 회장이라든가, 건물을 몇 채 가지고 있는 알부자들은 물론이고, 영화감독, 예술가 등에서도 강박성 인격을 흔하게 볼 수 있다. 특히 유명 감독들의 집요한 완벽주의에 대해 들어보면 환자 일보 직전이구나 싶을 때가 많다.

중요한 것은 그것을 생산적으로 만드는 일이다. 자신이 가진 특성들을 건전하게 발전시켜야 한다. 또한 강박성 인격인 사람의 일면만 보고 "에이, 구두쇠!" 혹은 "피도 눈물도 없는 놈!" "융통성이라곤 없는 놈" "지독한 놈" 하며 무시하려 들지 말아야 한다. 요즘같이 원칙 없는 시절에는 이런 면이 강한 사람이 사실 너무 절실하지 않은가.

대체 어떻게 대해야 할까

겉으로만 보면 자기 자신을 당당히 내보이는 것 같은 이들을

'타인에게 자신을 보여주지 못하는 사람들' 항목에 넣어 놓은 데는 다 이유가 있다. 이들을 만나 보면 너무 말이 세세하게 많은 것에 반해 감정 표현은 별로 없다는 것을 느낄 수 있다. 그러니까 이들은 감정을 수많은 절차와 형식 속에 묻어버린다.

열심히 살아가고 있지만, 사실은 그것이 좋아서가 아니라 그저 올바르기 때문에 하고 있는 것이다. 얼마나 공허하겠는가? 진정한 의미의 기쁨이 부족하고, 설사 그 때문에 힘들어지더라도 옳은 모습, 옳은 행위를 위해 참고 나아간다. 자신이 힘들 때마다 '그래도 나는 분명 옳은 길을 걷고 있어'라고 다짐하며 나아가는 타입인 셈인데, 문제는 그게 정말 옳은 길이냐 하는 점이다.

이들은 완고하지만 이 카테고리에 있는 많은 사람들이 그렇듯이 타인을 적극적으로 괴롭히거나 힘들게 만드는 정도까지는 아니다. 다만 불편하게 할 뿐이다. 이쪽에 속한 사람들이 으레 그렇듯이 이쪽에서 별로 관심을 주지 않고 피하면 나름대로 잘 지낼 수 있다. 하지만 좀 더 편하게 지내고 싶다면, 그 사람이 마음을 열도록 자꾸 유도해야 한다.

이 타입의 핵심은 자신의 진실한 모습을 감추고 있다는 데 있다. 이들의 감정을 열려면 내가 먼저 감정 표현을 많이 해야 한다. 과장되게 화를 내거나 펑펑 울어야 한다는 말이 아니다. 바로 지금 처한 상황에서 누구나 인정할 만한 내 감정 상태를 정확하게 표현하고 전달하는 것이 중요하다는 얘기다. 할 수만 있다면 강박성 인격인 상대방의 감정까지도 끄집어낼 수 있어야 한다.

이런 일을 쉽게 하는 타입이 있긴 하다. 강박성 인격은 주로 남자들이 많은데, 이들이 가장 좋아하는 타입이 '연극성' 혹은 '히스테리성' 여성들이다. 강박성 남성들은 감정 표현이 부족하기 때문에 자신의 감정을 대변해줄 것만 같은, 감정이 풍부한 여성에게 매력을 느낀다. 게다가 연극성 인격인 여성은 이랬다저랬다 감정 변화가 심하고 제멋대로인 경우가 많아서, 강박성 인격인 남자는 '그녀를 내가 제대로 된 사람으로 만들어주겠어' 같은 충동(본인은 그걸 부성애 정도로 생각하겠지만)을 느끼게 된다. 반대로 연극성 인격인 여자는 이들이 점잖고 어른스러워 보이기 때문에 자신의 애정 욕구를 다 받아들여주는 자상한 아버지 같은 느낌을 받게 된다.

만약 한 사람은 상대방의 감정 표현을 배우고 한 사람은 상대방의 원칙주의를 배워간다면 이 둘은 천생연분이 될 것이다. 둘 다 괜찮은 사람인 경우다.

두 사람 중 하나라도 더 높은 수준의 인격을 유지하고만 있다면 그나마 이 커플은 잘 굴러갈 수 있다. 물론 인격 수준이 더 높은 쪽에서 일방적으로 희생한 결과이긴 하지만 말이다. 사람의 사랑이 원칙대로만 가는 것은 아니다 보니, 남이 보기엔 왜 저러고 사나 싶어도 결국 더 나은 쪽이 상대방을 잘 참아서 노후에 이르러서는 잘 지내는 경우를 많이 보게 되지 않은가.

문제는 둘 다 수준이 높지 못한 커플이다. 이러한 두 사람이 사귀게 되면 정신과에서는 가히 예후를 좋게 보지 못한다. 이 둘

은 사귀면 사귈수록 서로 싸울 가능성이 크다. 날이 갈수록 남자
는 여자를 편안히 보듬어주는 게 아니라 야단치고 똑바로 키우려
들며, 여자는 남자에게 따뜻한 감정을 보여주는 게 아니라 자기
멋대로 변덕만 부린다.

처음에는 서로가 자신의 부족한 점을 채워줄 줄 알고 사귀었
던 것인데, 실제로는 서로를 채워주기는커녕 상대방이 자신을 채
워주기만 기대하는 것. 나 스스로 해내야 할 '인격의 성숙'이란 책
임을 남에게 요구했던 결과라고 볼 수 있다. 이들은 평생 이런 식
으로 새로운 이성을 찾고 실망하기를 반복하면서 "나는 지지리도
남자 복(혹은 여자 복)도 없지"라며 한탄하곤 한다.

이런 커플은 답이 안 나올 것만 같은데, 최근 뵌 스승님께서
말씀하시길 "안 될 것 같지만 늙어 보면 그래도 끝까지 잘 살기도
해. 지 팔자야" 그러신다. 남녀 간의 일은 그런 의미에서 답이 없
는 것 같다.

"엄마, 나 어떡해야 해?"
: 항상 무언가를 해달라고 하는 사람

　언니는 대학 졸업 후 집에서 살고 있다. 얼굴도 곱고 남들 앞에서는 다소곳하고 착하게만 보이지만, 그들은 속고 있는 것이다. 남들은 모른다, 언니가 얼마나 짜증 나는 인간인지!

　우리 아버지는 당신 뜻대로 안 되면 버럭 소리를 지르는 타입이고, 어머니는 아버지 눈치만 보며 항상 우리를 당신 마음대로만 하려는 분이다. 이런 두 분 밑에서 언니는 어릴 때부터 공부도 잘했고 고분고분 얌전하게 자랐다. 반면 나는 어릴 때 집 안에서 어느 정도 내놓은 자식이었다. 하지만 정작 그렇게 말 잘 듣고 시키는 대로만 하던 언니에게 심각한 문제가 있다는 걸 알게 된 건 고등학생이 되어서였다.

　정말이지 언니는 중학생 때까진 공부하는 기계 같았다. 어머니가 학원을 등록해주면 군소리 없이 밤 12시까지 공부하다 들어오고, 일요일에 과외를 잡으면 친구를 만날 약속이 있는데도 취소하고 공부를 했다. 사실 뭐, 친구도 거의 없었던 것 같지만.

가장 짜증 나는 건 공부 외에 자기 스스로 할 수 있는 일이 하나도 없었다는 사실이다. 밥 먹는 것도, 양치하는 것도, 모두 어머니에게 허락을 받고 했다. 내가 짜증을 내면 어머니는 언니처럼 공부나 열심히 하라며, 그럼 엄마가 일일이 다 챙겨줄 거라고 잔소리를 하곤 했다.

그러던 언니가 고등학생이 된 후로는 갑자기 아무것도 하기 싫다면서 학교에 가지 않겠다고 울고불고하기 시작했다. 아버지는 그저 소리나 질러댔고, 어머니는 당황한 나머지 어쩔 줄 모르셨다. 그러나 내게는 그 모습이 하나도 이상해 보이지 않았다. 언니는 평소에도 착한 척하면서 나한테는 있는 짜증, 없는 짜증 다 냈으니까. 자기 스스로 할 줄 아는 것도 없고, 남이 시키는 대로만 하고, 자기 마음대로 안 되면 가장 만만한 나한테 못되게 굴고. 부모님은 내가 성격이 이상해서 언니한테 대든다고 했지만 그건 정말 잘못된 이야기다.

언니는 그 후 다시 학교에 나가긴 했지만 성적이 떨어져 본인이 원하던 S대에는 가지 못하게 되었다. 그러더니 나름대로 좋은 대학에 갔는데도(나 같으면 정말 좋을 것 같은데) 최고의 대학을 가지 못했다는 사실 때문에 항상 우울해하며, 친구도 잘 사귀지 못했다. 딱 한 번 남자친구를 사귄 적이 있는데, 내 생각에는 그때 언니가 가장 괜찮았던 것 같다. 사실 남자는 그다지 괜찮은 사람이 아니었다. 우리 아버지와 비슷한 느낌? 시큰둥한 표정에 자기 마음대로 구는 남자였다. 하지만 언니같이 시키는 것밖에 못 하는 사람한테는 어울리는 남자였을지도 모른다. 결국에는 그 남자가 워낙 인간성이 별로였던 건지, 아니면 매사 칭얼거리고 매달리는 언니에게 그 남자가 지쳤던 건지 둘은 안 좋게 헤어지고 말았다.

지난번에는 아버지가 언니에게 "너 그렇게 있느니 어디 외국에 유학이라도 다녀오지 그러니"라고 하셨다. 그게 싫으면 그냥 여행이라도 좀 다녀오면 어떻겠느냐는 말도 있었지만 언니는 요지부동이다. 우리 부모님도 참 문제다. 본인들이 저렇게 언니를 만들어놓고 왜 아직도 언니가 저렇게 된 것인지 전혀 이해하지 못하는 눈치다.

그 사람의 마음속으로 한걸음

이들은 아주 사소한 일 하나까지 자신이 따르는 사람의 지시를 받는다. 지시받는 대상은 주로 어머니인데, 이들은 자동차 부품 가는 것, 짬뽕을 먹을지 짜장면을 먹을지 고르는 것 하나까지 일일이 남에게 물어봐야 직성이 풀린다.

그렇다고 지시받는 대상, 즉 어머니의 말에 무조건 고분고분한가 하면, 그것도 아니다. 그렇게 하는 건 초등학생이나 중학생

때뿐이고, 그 후부터는 부모가 자신을 통제하는 데 대해 분노하고 저항한다. 물론 실제로 혼자 설 수 있는 능력은 없기 때문에 다시 부모에게 의지하고 만다. 부모는 아이가 혼자 설 수 없게 키우고, 아이는 부모에게 정신의 일부를 지배당하고 있는 것처럼 보인다.

이 사람은 무슨 타입?

대개 부모는 아이가 독립하려고 하면 철없이 행동한다고 생각하고, 부모 자신에게 충실하면 잘 했다고 칭찬한다. 이러한 방식의 양육이 어릴 때부터 성인기까지 지속된다. 대개 이런 양육의 역할은 어머니의 몫이다.

일반적이진 않지만, 내가 만났던 내담자들 중에도 하나같이 공부 잘하고, 진학도 좋은 곳으로 한 아이들이 많았다. 이 아이들에게는 공통적으로 자식에게 엄청나게 집착하는 어머니가 존재하곤 했다. 이 어머니들은 모두가 자기 아니면 아이를 이해할 수 없다, 뭐든 자신이 해야 한다는 식이었다. 내가 봤던 가장 기억에 남는 장면을 소개한다.

아이의 성적은 최상위권이었다. 그러나 친구가 거의 없고, 취미도 인터넷 게임 한두 종류 하는 것 외에는 없으며, 대화를 해보면 고등학생다운 느낌이 전혀 들지 않았다. 이 녀석은 국어, 수학, 영어, 암기과목 외에는 관심이 없는 듯했다.

그의 어머니는 어떤 사람일까? 항상 예의 바르고 말도 곱게 했다. 아이에게도 절대 야단을 치거나 험한 말을 하지 않았다. 다만 그녀가 하는 이야기는 항상 주제가 같았다.

"착한 우리 아들. 어제는 힘들었지? 하지만 힘내. 좋은 대학만 가면 돼. 그러면 네가 원하는 거 다할 수 있어. 자, 힘내자! 다시 한 번 열심히 해보자. 넌 할 수 있어."

이 어머니는 마치 최면을 걸듯 항상 똑같은 주제를 포근한 목소리로 아들에게 반복해서 이야기하며, 공부, 대학, 성적만을 강조했다. 그 장면은 시간이 오래 지난 지금까지도 내 기억에 남아 있다. 섬뜩하기도 하고, 사람이 착하다고 해서 옳은 것은 아니구나 싶기도 하다.

아들은 자기 스스로 결정할 수 있는 것이 거의 없었고, 공부를 어떻게 할까에 대해서만 단편적인 이야기가 가능했다. 이 아들은 '의존성 인격 장애'로 진단되었다. 이들의 특징은 다음과 같다.

- 타인으로부터 과도한 충고를 듣고 확신을 갖게 되기 전까지는 판단을 내리지 못한다.
- 자신의 생활 중에서 가장 중요한 부분에 대해 타인이 책임질 것을 요구한다. 예를 들어, 진학, 결혼은 물론 심지어 식사를 하거나 옷을 입을 때에도 하나하나 물어보고 하려 한다. 묻는

대상은 주로 부모인데, 때에 따라 친구 혹은 배우자가 되기도 한다.

- 혼자서는 자신을 돌볼 수 없다는 심한 공포감에 젖어 있다.

- 타인의 지지와 칭찬을 잃는 것에 공포감을 느낀다. 이들은 타인에게 지지를 받지 못할까 봐 무서워하며 상대방이 칭찬을 많이 해줘야만 안심하는데, 사실 아무리 칭찬을 해도 그다지 기쁜 표정은 아니다. 기쁘다기보다는 말 그대로 무서운 걸 피했다는 정도의 안도감만을 표시한다. 시간이 가도 계속해서 상대방에게 지지를 요구하기 때문에 결국에는 상대방도 지치게 된다.

- 혼자 남는 것에 대해 비현실적인 공포감을 느낀다.

- 계획을 하거나 스스로 일하는 것을 힘들어한다. 혼자서는 아주 간단한 계획을 짜는 상황조차 견디지 못하며, 최소한의 행동조차 알아서 하지 못한다. 이러한 상황을 아무리 막으려 해도 대개 부모나 가족이 이들과 일심동체가 되어 이들이 스스로 생각할 만한 상황을 방해한다.

- 타인이 자신을 돌봐주길 원할 때는 불쾌한 일에도 자원한다. 알고 보면 이들이 스스로 행동하는 것 자체를 두려워하지는 않는다는 증거가 여기에 있다. 만약 자신이 필요로 하는 사람이 어디론가 떠난다면? 이들은 열심히 따라간다. 능동적으로 정보를 찾고, 누군가에게 물어서라도 찾아간다(마치 공부는 절대 하지 않으면서 몇 시간째 커닝페이퍼를 열심히 만들고 있는 학생이

떠오르지 않는가?). 즉, 타인에게 인정받는 것 자체가 이들에게는 가장 중요한 과제이다.

- 누군가와 친밀한 관계가 끝나고 나면 자신을 돌봐주고 지지해줄 다른 대상을 시급히 찾는다. 이들은 경계성 인격을 가진 사람들과도 유사하다. 막연히 의존적이고 사람들을 회피하는 타입이라고 여겼다가는 큰코다친다. 상대방이 자신을 크게 비난하거나 혹은 버렸다고 느끼면 경계성 인격을 가진 이들이 그러하듯이 상대방을 평가절하하면서 인연을 끊어버린다.

주변에서 가장 많이 볼 수 있는 타입 중 하나가 마마보이, 파파걸이다. 이들은 말 그대로 부모에 대한 의존성 부분에 문제가 있는 사람들이다. 대개 배우자에게 엄청난 비난을 듣게 되는 이들은, 그래서 결혼생활도 잘 유지하지 못하고 이혼 후 부모와 같이 사는 경우가 많다.

그런데 마마보이나 파파걸의 가족 문제는 보다 큰 관점에서 생각해볼 필요가 있다. 마마보이 같은 경우 모든 문제에 대해 스스로 잘 결정을 내리지 못하다 보니 자신을 주도적으로 이끌어주는 여성 타입을 좋아하리라는 사실을 짐작할 수 있다. 소위 '강한' 여성을 선택한다는 이야기다. 강한 성격을 가진 여성은 반대로 나약하지만 자신의 말을 잘 들어주는 남자를 선호할 수 있겠다. 이들의 연애 시절은 행복할 수 있다. 각자의 스타일이 서로를 잘 보완해준다.

문제는 결혼한 뒤다. 마마보이에게는 자신이 감히 거역하지 못하는 대상이 아내 외에 한 명 더 있다. 바로 어머니.

아내가 시어머니와 남편의 관계를 허물고 남편을 장악하려고 들면, 허약하기 짝이 없는 남자는 가운데에서 중재를 하기는커녕 이러지도 저러지도 못하게 된다. 남자 한 명을 두고 여자 두 명이 주도권 싸움을 벌이는 양상이 전개되는 것이다.

실제 임상에서는 남자가 중재를 어느 정도 하거나 시어머니와 아내가 조금씩 양보를 하기 때문에 전형적인 경과만을 걷게 되지는 않는다. 그게 흥미로운 일인데, 아무리 궁합이 맞지 않는 관계라 하더라도 상대방을 배려하고 용서하는 성숙한 사람의 존재가 윤활유 작용을 한다. 모순 덩어리인 인간 집단이 그럭저럭 굴러가는 것도 그런 사람들 덕택일 것이다.

비슷한 타입의 사람들

이번에 새로 입사한 그녀는 자신감이 좀 없어 보인다. 일을 알아서 잘 처리하지 못하고 하나하나 물어보곤 한다. 지난번에는 선배 여직원에게 쓸데없는 것까지 물어본다고 야단을 맞고 있기에, 불러서 앞으로는 내가 지도를 하겠다고 말했다. 개인적으로는 정이 가는 타입이라, 매일 하는 일들을 하나하나 챙겨주고 지시를 해줬다. 그녀도 내 정성에 고마워하면서 감사 인사도 하고 선물까지 보내주었다.

그렇게 6개월 정도를 보내다가, 지난달에 그녀가 꽤 큰 실수를 해서 야단을 치게 되었다. 그 뒤로 눈에 띄게 나를 피하는 느낌이 들었는데, 어느 날 갑자기 사표를 냈다는 이야기를 들었다. 불러서 '아니 왜 아무 말도 없이 그랬느냐, 내가 너무 섭섭하지 않느냐'라고 했더니 전혀 의외의 이야기를 한다.

"과장님한테 그때 혼나고 나서 너무 힘들었어요. 과장님은 저를 생각해서 이것저것 시키셨는지 몰라도, 전 제가 할 수 있는 게 하나도 없어서 스트레스를 많이 받았거든요."

어이가 없었다. 이런 인간이었나?

자신감 없어 보이고 남에게 일일이 물어서 일 처리를 하는 줏대 없는 사람이라고 해서 꼭 의존성 인격을 가지고 있다고는 볼 수 없다. 이들이 강박성 인격 특성을 가진 경우에는 자신의 원칙에 따라 일을 해야 하기 때문에 이것저것 자꾸 지시를 받을 때마다 속으로 힘들어하면서 분노를 삭였을 수도 있다.

의존성 인격이라고는 했지만, 이들은 어떤 면에서 경계성 인격의 성향도 어느 정도 가지고 있다. 그래서 인간관계에서 '배신'이라 할 만한 상황도 곧잘 만든다. 위에서 보듯 사소한 감정싸움 하나로 그렇게 많이 도와줬던 사람조차 비난할 수 있는 이들인 것이다. 당사자에게도 참 안 된 일이다. 상대방과의 좋았던 기억을 깡그리 지우고 오로지 나쁜 기억만 남기니 말이다.

대체 어떻게 대해야 할까

이들을 치료하는 일은 상당히 힘든 편이다. 당사자만 치료해도 될 때는 그나마 낫지만, 어머니 등 의존 대상과 밀착되어 있어서 두 사람을 동시에 치료해야 할 때는 정말 문제다. 당사자를 열심히 치료한다 해도, 그가 집에 돌아가면 어머니가 계시므로 원상태가 되어버린다거나, 가끔씩 아버지가 등장하여 상태를 더 병적으로 만들어놓는 경우도 많다.

직장이나 학교에서는 어떨까? 이들은 대단히 수동적이어서 남이 시키는 것만 하고 자기 스스로의 의견은 거의 내지 않는다. 더 정확히 말하면, 단체 활동 자체를 웬만하면 피한다. 결국 동료들이 답답해진 나머지 이들을 무시하고 일을 진행하게 되는데, 이들은 자신의 태도 때문에 그런 결과가 생기는 것을 이해하지 못하고 사람들이 자신을 무시한다며 뒤에서 불평한다. 따라서 이들에게는 일을 시키되 독립적인, 자기 안에서 기승전결이 있는 것을 시키는 게 낫다.

만약 이들을 연인으로 만났다면? 상대방의 의존성으로 인해 모성애 혹은 부성애가 발현되면서 둘 사이의 관계가 달콤하게 발전할 수도 있겠으나 조금만 있으면 이들의 진짜 주인, 즉 아버지와 어머니가 나타난다. 상대방은 나와 부모를 저울질하기도 하고, 부모에게서 벗어나기 위해 당신을 이용하는 것처럼 보일 수도 있다. 독립의 과정조차 당신에게 맡길지 모른다. 이때 중요한 것은 당신이 그의 새로운 주인 노릇을 해선 안 된다는 것이다.

특히 상대방의 의존성을 비웃고 이들이 부모로부터 떨어지도록 재촉하는 사람을 많이 보게 되는데, 절대 성급해선 안 된다. 상대방은 수십 년을 부모와 밀착되어 살아온 사람이다. 불과 1~2년의 경험으로 상대방을 장악하려 들면 백전백패다. 자신도 어느 정도 배우자의 부모를 따르되, 차차 독립을 준비하여 적당한 선에서 거절하는 방법을 익혀야 한다. 배우자가 주인으로서 나를 섬기는 것이 아니라 동료로서 나를 볼 수 있게 만들어줘야 한다.

군이 왜 그렇게까지 해야 하느냐고? 사랑하니까! 사랑한다면 그렇게 하라. 만난 지 3개월 만에 상대방의 조건을 보고 결혼하는 사이라면 그렇게까지 할 필요는 없겠지만.

"어머! 저 그런 사람 아니에요"
: 변명만 늘어놓는 사람

정하늘 씨의 심리검사 결과가 나왔다.

"안녕하세요. 지금부터 검사 내용을 설명해드릴게요. 음, 우울감이 심하며 자신의 분노를 잘 조절하지 못하고 간헐적으로 표출하는 스타일……."

"어머? 저 안 그런데! 저 화 잘 내는 편 아니에요."

"네, 좀 아니다 싶으시더라도 일단 끝까지 들어보세요. 앞으로 20분 이상은 말씀드려야 하거든요."

"처음부터 너무 이상하네, 난 안 우울한데."

"기본적인 사회적 감각을 소유하고 있으며, 일반적인 대인관계는 좋을 것으로 사료된다."

그녀가 고개를 끄덕거린다.

"그러나 자신의 감정을 잘 인식하지 못하며, 깊은 수준의 친분관계를 맺기는 어려울 수 있다."

"제가요? 이 검사 결과 다 믿을 수 있는 거예요?"

"네, 일단 끝까지 들어보시라니까요."

이후에도 설명을 제대로 이어가기 힘들 정도로 그녀는 검사소견에 계속 이의를 제기했다.

"마지막으로 말씀드릴게요."

"이 검사 진짜 이상해요. 저에 대해 나쁜 얘기밖에 없고. 저 그렇게 이상한 사람 아닌데……."

"자신의 단점을 지적받을 때 부인할 가능성이 크며, 그렇지 않다는 말을 자주 한다."

"어머, 저 안 그래요! 앗!"

어이가 없어 상대방을 보며 피식 웃자, 그녀도 마지막에 한 말은 좀 민망했는지 같이 웃는다.

"보세요. 자신에게 문제가 있다는 얘기만 하면 모두 그렇지 않다고만 하시지 않습니까?"

이 말에 그녀가 얼굴을 붉히고 가만히 아래를 내려다본다. 어떻게 해야 할지 모르겠다는 표정이다.

그 사람의 마음속으로 한걸음

앞서 얘기했던 "No" "But" "I don't know"를 남발하는 부류가

바로 이들이다. 자신에게 좋은 이야기는 긍정하지만, 불리한 이야기가 나오면 그렇지 않다는 걸 열심히 설명한다.

남자인 경우 일터에서도 자기 잘못에 대해 변명만 늘어놓곤 하므로 대인 관계에 잘 적응하지 못할 가능성이 있다. 회사에서는 주어진 역할에 잘 적응했더라도 가까운 사이에선 답답한 사람이라고 느낄 수 있다.

실제로 만나 보면 이쪽 남자들은 소심한 편이라기보다 자신감이 넘쳐 자신에게 문제가 있다는 사실을 당최 인정하지 못하는 자기애적 성향을 가진 이들이 많다. 딸이 우울증으로 병원에 왔을 때, 의사가 아버지에게 "따님이 아빠가 너무 화를 잘 내셔서 많이 힘들어합니다"라고 조언을 해줘도 그럴 리가 없다는 순진한 얼굴로 딴소리만 하는 식이다.

여자의 경우에는 소심한 모범생들이 많다. 대개 어릴 때부터 말도 잘 듣고 괜찮은 대학을 나와서 결혼한 다음, 애들 열심히 키우고 교회 성실하게 다니는 분들. 이들은 주변에 조용하고 착한 사람들만을 두기 때문에 서로 폐가 되는 말은 나누지 않는다. '좋은 느낌'과 '좋은 향기'만을 주고받는 소녀들이라고나 할까. 인생을 살아오면서 험한 사람들을 두고 이해할 수 없는 족속이라며 피해왔기 때문에, 이들이 병원에 와서 자신의 문제점을 낱낱이 듣게 되면 매우 당황하곤 한다.

본인이 자처해서 병원에 올 때도 있다. 보통 40대쯤 되어 공황장애(특정한 까닭 없이 찾아오는 극단적인 불안 증세)가 생겨 오곤 하는

데, 애들도 슬슬 자기를 피하고, 배우자도 자기에게 관심이 많이 떨어진 상태이다 보니, 일에 지치거나 외로움을 극복하기 위해 병원을 찾는 것이다. 여태껏 적당히 세상을 회피하며 살아온 터라 의지할 만한 사람이 없는 이들은 사소한 스트레스 하나에도 많이 불안해한다.

이 사람은 무슨 타입?

이들을 지칭하는 특별한 진단명은 없다. 이 부류는 대개 좋은 사람들이다. 그럼에도 불구하고 개인적으로는 참 불편한 타입이기도 하다. 겉모습은 평온함과 미소로 위장하고 있지만 속은 연약하기 짝이 없어서 조금만 들여다보려 해도 호들갑을 떠는 존재가 바로 이들이기 때문이다.

이들은 좋은 직장에서 성실히 일하고 종교 활동도 열심히 하는 데다, 친구도 많을 수 있다. 그러나 이들의 본질은 겉으로 드러난 모습과 전혀 딴판이다. 이 점을 느끼는 사람은 대개 형제·자매나 자식들이다.

뒤에서는 한숨짓거나 짜증을 내는 일이 많아서 이중인격처럼 보이기도 하고, 성실한 만큼 속생각이 너무나 단순하고 융통성이 없어서 말하다 보면 답답해지는 일이 허다하다. 이 모두가 인생에 대한 진지한 고민 없이, 오로지 무난한 생활만을 추구해왔기 때문에 벌어지는 일들이다.

비슷한 타입의 사람들

앞서 등장한 사람은 자신의 문제점을 부인하는 타입인데, 한편 적극적으로 남 탓만 하는 공격적인 타입도 있다.

"그래서 정하늘 씨는 남편과 싸울 때 상대방 감정을 다치게 하는 말도 좀 하시잖습니까?"

"감정을 다치지 않게 할 수가 없죠. 남편이 얼마나 개념 없는 소릴 하는데요. 멍한 얼굴로 그런 말을 하고 있는 걸 보면, 제가 아주 속에서 분노가 치솟아요."

"그래도 '이 XX 같은 X야!' 같은 말은 좀 심했는데요."

"그 인간은 그런 소리를 들어도 싸요."

어떠한 말을 해도 "상대방이 잘못해서 내가 그랬을 뿐", 이들은 분노와 정의를 전면에 내세우고 모든 책임을 외부로 돌리기 때문에 무적이다. 결국 주변 사람이 다 도망가 버리지만, 그때도 도망가는 사람이 나쁘다고 생각한다. 이 타입들에게는 분노를 진정시키고, 신뢰를 쌓은 후 자기 언행의 결과가 얼마나 스스로에게 해로운지를 이해시켜줘야 한다.

딴소리를 하는 타입도 꽤 피곤하다.

"아이가 성격이 충동적이긴 합니다. 원래 타고난 것도 있겠죠. 하지만 정하늘 씨가 가끔씩 소리를 지르는 게 아이한테는 상처가 되었을 테고…. 그런 것도 아이 성격에 한몫하겠지요. 엄마로서 먼저 감정을 조절하는 게 중요합니다."

"사람이 원래 타고나서 그런 것도 있잖아요?"

자신을 성찰해보라는 제안에 아이를 비난하고 싶어 하는 마음이 드는 것은 이해할 수 있다. 본인도 내면에 상처가 많으니 그 말이 비난으로 느껴질 수 있을 것이다. 그러나 이미 이쪽에서 짚고 난 이야기를 재차 꺼내거나, 이쪽 말을 제대로 안 듣고 있는 듯이 보이는 것은 아무래도 곤란하다.

딴소리는 대화 방해 신공 중 최고 신공이다. 상대방을 무력화하는 데 으뜸이라, 교정을 해주기에도 인정을 해주기에도 다음 말 잇기가 여간 어렵지 않다(청문회에서 바보인 척 엉뚱한 말만 반복하는 사람들을 생각해보라).

딴소리는 '이쪽 말을 알아들을 만한 이해력이나 집중력이 나에겐 없다'는 표현이나 아니면 '다 아는 얘기 아닌가. 난 관심 없다'는 표현이기 때문이다. 주제에서 딴소리가 너무 벗어나지 않으면 그냥 들어주어도 되지만 의도 자체, 그러니까 '엄마는 아이에게 잘해주어야 한다'는 말 자체를 흐지부지하게 만들고 있다면 주의를 주어야 한다.

대체 어떻게 대해야 할까

나는 말의 논리성을 중시하는 데다 약간 다혈질적인 면도 있어서, 상대방이 내 말을 잘 듣고 이해하지 못하면 쉽게 짜증을 내는 경향이 있다. 당연히 의사로서 이런 면은 약점이다. 한 시간 내내 무슨 얘기든 잘 경청하는 친구들을 보면 부럽다 못해 존경심마저 생긴다(나는 20분이 한계).

원칙적으로는 상대방의 불안을 잘 이해하고 적당한 선에서 상대방의 문제를 지적해주는 것이 맞겠지만, 이는 쉬운 일이 아니다. 이들의 불안 레벨을 생각해서 적당하게 "당신 말이 맞아" "큰 문제는 아니야"라고 해주면 정말 그렇다고 생각해버리고 다음에 병원에 오질 않는다. 왜 오지 않았느냐고 물으면 "선생님이 우리 애 문제없다고 그러셨잖아요. 부모도 괜찮다고 그러셨고"라고 한다. 이런 논리에 워낙 지치다 보니 이젠 상대방이 불편해하더라도 문제를 끝까지 짚고 넘어간다. 그렇게 하면 적어도 다른 병원에 가든가, 안 가더라도 자신에게 무언가 문제가 있다는 찜찜함 정도는 가지고 살지 않을까 싶어서다.

개인적으로 가장 안쓰러운 타입들이 이쪽 계열이다. 이들은 자기 내면이 어떤지는 잘 모르고 겉모습에 심취한 채 살아가는데, 의사, 교수, 가정주부, CEO, 학생, 경찰, 정치인, 언론인, 사회운동가, 노숙자까지 어떤 계층, 어떤 위치의 사람들 중에서도 만나볼 수 있다. 사회적으로 주어진 남녀 역할, 직업, 경제적 계층 등에 자신의 정체성을 일치시키고 있어서 스스로의 오류를 이해하지 못하고 속해 있는 계급의 정서를 단순하게 반복한다. 재미 있는 건 비슷한 부류끼리 서로 비난한다는 점이다. 원래 상대방의 문제는 잘 보이고 내 문제는 안 보이는 법이거든.

이들을 대할 때에는 상대방의 눈높이에 자신을 맞추는 것이 중요하다. 상대방이 원하는 목표, 알고 싶어 하는 내용 등을 미리 파악하고 그들의 가치관과 비슷한 시선에서 대화해야 한다. 그러려면 다양한 계층과 직업군에 대한 이해도는 필수이며, 그들이 가진 긍정적인 면에 대해 공감할 수도 있어야 한다. 상대방의 전문 분야에 대한 진지한 질문은 호감을 얻을 수 있는 좋은 방법이다.

어느 정도 소통이 되고 나면 조금씩 상대방의 생각을 깰 수 있도록 유도해야 하지만, 급할 필요는 없다. 가끔은 내가 당신에게 완전히 동의하는 것은 아니라는 것을 넌지시 알릴 수도 있는데, 이렇게 하는 이유는 호의와 동의를 오해하는 것은 곤란하기 때문이다.

모호하게 읽히겠지만, 이들을 이해하는 데 정답 같은 것은 없다. 안타깝게도 정도의 차이만 있을 뿐이지 이는 우리 인간들 대부분의 모습이자 본질이기 때문이다. 사람에 따라 더 넓은 시선을 갖고 있거나 더 큰 융통성을 발휘할 수 있을 뿐이지, 제한된 이해력, 자기 의도를 읽을 수 있는 능력의 부재로 인하여 인간은 항상 자신을 '정체성'이라는 테두리 안에 가둬둘 수밖에 없다. 나 자신 또한 한계에 갇혀 있는 평범한 인간이란 사실을 이해하면 할 수록 타인들을 더 잘 인내하게 되고, 우습게만 보였던 사람에게 배우는 것이 즐거워질 것이며, 나쁘게 보였던 사람들의 마음을 헤아리기도 쉬워질 것이다. 그러면서 내 내면의 폭은 점점 더 넓어지게 될 것이다.

"내가 이렇게 된 건, 다 너 때문이야!"
: 앞에서는 순종하고 뒤에서는 말 안 듣는 사람

이번에 입원한 환자 오정환 씨는 마흔 살 남성으로 평소 몸이 여기저기 아프다는 이유로 내원했다. 미혼에 무직으로, 소위 말하는 일류 대학을 나온 뒤 특별한 일 없이 지내왔고, 가족들과는 사소한 싸움이 많으며 사이가 좋지 못하다고 했다. 이번에도 부모님과 직장을 갖지 않는다는 이유로 작은 말다툼을 했는데, 그 후에 허리 통증이 있어 내원한 것이었다.

그는 불평이 많았다. 처음에는 부모에 대한 불만, 나중에는 사회에 대한 불만까지 쏟아져나왔다. 아는 것이 많은 그는 그냥 봐도 지식이 풍부한 사람이었다. 그와 앞으로 가족 문제를 비롯하여 본인이 받는 스트레스에 대해 논의하기로 했다.

상담이 시작됐다. 그는 예의도 잘 지키고 깍듯했지만 어딘가 겉도는 이야기만 하고 있었다. 여러 가지 논리로 자신을 방어하려고만 할 뿐, 그 좋은 머리를 가지고 왜 심리적 스트레스가 몸을 아프게 할 수 있는지 그 이유에 대해서는 도무지 이해하질 못했다. 게다가 병동 내에서 무언가를 시키면 내 앞에서는 열심히 하겠다고 하고, 나중에 보면 하나도 해놓지 않은 일이 잦았다. 항상 "죄송합니다"라고 할 뿐이었다.

문제는 일주일 뒤에 발생했다. 병동에서 환자들이 시위를 벌인 것이다. 입원비에 비해 식사의 질이 떨어진다는 점, 환자에 대한 처우가 좋지 못하다는 점이 그 이유였다. 알고 보니 대단한 문제는 아니어서 곧 개선하기로 하고 이 문제는 넘어갔다.

그런데 환자들이 이렇게 단체행동을 하는 경우는 흔한 일이 아니어서 잘 알아보니, 오정환 씨가 들어온 지 사흘째부터 환자들을 모아놓고 병원의 불합리성, 환자의 권리 등을 이야기하면서 "이렇게 있어선 안 된다"며 주동을 했다는 것이다.

정환 씨와 다시 만나 상담을 했다. 물론 병원에 불만이 있으면 이야기하는 게 당연하다. 하지만 왜 단체로 항의하듯 해야 했을까? 그냥 간호사에게 부탁하면 얼마든지 들어줄 수 있는 사소한 문제를 가지고?

이러한 물음에 정환 씨는, 의사 선생님은 좋지만 병동 간호진은 문제가 많다고 했다. 말을 해도 잘 들어주지 않으니, 자신도 오죽하면 그랬겠느냐는 것이다. 잘 들어보니 내가 병동 직원들을 제대로 관리하지 못했던 건 아닌가 하는 자책감이 들었다.

그런데 병동에 가서 이 이야기를 했더니 직원들이 나에게 화를 내는 것이다.

"선생님께서는 왜 환자 편만 드시는 겁니까? 저 사람은 선생님한테만 깍듯하지, 우리는 의료진 취급도 않고 무시한단 말이에요!"

이쪽 말만 들을 수도 없고, 저쪽 말만 들을 수도 없고⋯⋯. 정말 어찌해야 좋을지 모르겠다.

그 사람의 마음속으로 한걸음

이 사람은 내가 처음 정신과에 입문했을 때 병동에서 보았던 환자다. 자신이 옳은 일을 했다고 생각하는 듯했는데, 덕분에 한 달간 환자와 치료진 사이에는 갈등의 골이 깊어졌고, 심지어 치료진 내부에서도 싸움이 일어나는 등 난리가 났다. 의사와 간호사, 간호사와 보호자가 대판 싸우기도 했다. 겉보기에는 평범한 아저씨지만, 결과만 놓고 보자면 영화에 나오는 '싱긋 웃으며 사람들을 분열시키기 좋아하는 사람'이었던 셈이다.

이들의 가장 큰 특징은 '무언가를 시킬 수가 없다는 것'이다. 앞에서는 잘 하겠다고 하지만, 절대, 영원히, 결코 하지 않는다. 이런 수법에 반감이 아주 큰 건 아니다. 너무 강한 적과 싸우는 데는 이만한 수법도 없다. 간디도 영국과 맞서 싸우기 위해 소극적 저항을 하지 않았던가? 나도 좀 한다. 앞에서는 "네" 하고 나서,

뒤에서는 안 하고. 얼마나 편한가?

대신 각오해야 할 부분이 있다. 바로 신용이 박살날 것이라는 점이다. 결국 이 수법은 정말 싫어하는 사람에게만 쓸 수 있는 신공인 셈인데, 사실 이런 문제를 가진 이들은 마음 내부에 엄청난 분노를 가지고 있어서 세상 사람들의 신용 따위는 안중에도 없는 경우가 많다.

이 사람은 무슨 타입?

이러한 이들을 일컬어 '수동 공격성 인격'을 가지고 있다고 말한다. 이들은 뚜렷하게 드러나는 타입은 아니지만, 상대방을 계속 방해하고 꾸물댄다. 또한 자신의 가치관이 분명한 편이어서 설득하기가 참 힘들다. 아닌 척하고는 있지만 시간이 지날수록 속에 분노가 많다는 사실이 드러나기 때문에(상대방의 기대를 배반하는 경우가 많다), 결국은 주변에 사람이 남지 않게 된다.

가장 그럴듯한 이론은, 아이가 정상적으로 자기주장을 펼 수 없도록 부모가 아이를 강압적으로 대할 때 이러한 성격이 만들어진다는 것이다. 실제로 부모가 아주 무섭고 아이들을 항상 자기 뜻대로 다루려고 하는 타입인 경우, 아이들은 상대방에게 부난한 정도의 표정만 지으면서 자기 속마음을 절대 표현하려 들지 않는다. 질문이나 지시를 하면 제대로 대답하는 것 없이 변명만 하고, 야단을 치면 마치 부모에게 꾸중을 들을 때 그랬던 것처럼 아래만 쳐다보면서 아무 말도 하지 않는다.

다음에 제시하는 항목 가운데 네 가지 이상에 해당되면 이 부류라고 볼 수 있다.

- 일상적·사회적·직업적 과제를 완수하는 데 수동적으로 저항한다. 일이든 뭐든 시키면 앞에서는 하겠다고 하지만, 결국은 변명을 하면서 하지 않는다. 이러한 일이 계속 반복되는데, 이렇게 반복되는 부분에 대해 앞에서는 인정하지만, 결국에는 변명을 한다. 따라서 직장에서는 적응하기가 매우 힘들다. 처음에는 깍듯해서 좋은 평가를 듣지만, 날이 갈수록 일을 하지 않고 윗사람에 대한 분노가 가득하다는 것을 누구나 알게 되므로 회사를 오래 다닐 수가 없다.
- 타인이 자기를 제대로 이해하고 평가하지 않는다고 불평한다.
- 뚱하고 논쟁적이다. 자신에 대해 깊이 있는 분석을 하려 들거나, 자신에게 불리할 수 있는 이야기를 하면, 소모적인 논쟁으로 주제를 바꿔버린다. 대화 양상이 다음과 같은 식이다.

"아, 그 ××. 자기는 일도 못하면서 우리한테 다 미루고, 집에 가다 죽어버려라."

"네 말이 맞긴 한데, 그래도 상사한테 죽으라고까지 하는 건 좀 그렇다."

"상사? 그 사람도 결국 회사 직원이고 나도 회사 직원인데 왜 욕을 못 해?"

"꼭 상사라서가 아니라 집에 가다 죽어버리라니, 너무 심하잖아."

"너 그게 다 윗사람은 까면 안 된단 잘못된 인식에서 나온 거야. 우리나라는 계급이든 나이든 너무 따져. 너 나이로 사람 구별하는 나라는 우리나라밖에 없다는 거 알아? 우리나라는 조선시대 때부터 유교 문화 때문에 계급 구분을 너무 명확하게 해서……"

이들의 말상대를 하다 보면 결국 나만 피곤해진다.

• 권위에 대해 비이성적으로 비판하고 비난한다. 자기보다 위에 있는 사람, 부자인 사람, 연장자, 기술자, 잘생긴 사람 등 모든 종류의 기득권자에 대해 분노를 가지고 있다. 그들이 가진 것이 자신이 가진 것보다 많다고 생각되면 그 사람의 노력이라든가 입장은 전혀 고려하지 않는다.

• 자기보다 더 행운아로 보이는 사람에 대해 시기와 분노를 표시한다. 이들은 자신이 가진 공격성 혹은 권위에 대한 분노를 건전하게 표현하지 못한다. 정작 자신은 전면에 나오지 않고 뒤에서 불평불만을 일삼거나, 남을 선동하는 경우가 많다.

• 자신의 불행에 대해 지속적으로 과장된 불평을 한다.

• 적대적 반항과 후회 사이를 왔다 갔다 한다. 강한 반항을 한 뒤, 무조건 변명만 하지는 않는다. 자신이 왜 그러는지 모르겠다며 후회를 하기도 한다. 그러나 또다시 권위를 느끼게 되면 반항하면서 공격한다.

비슷한 타입의 사람들

소위 말하는 '뺀질이'가 이 인격의 좀 순화된 타입 아닐까 싶다. 일을 시키면 싱글싱글 웃으며 뭐든지 대충대충, 심각한 얘기를 꺼내려고만 하면 "에이, 누나야" "아이, 오빠" 하면서 대충 넘어가는 이들. 그래도 이 정도라면 넘지 말아야 할 선이 어디쯤인지는 안다. 불만도 많지만 위에서 얘기한 '투덜이' 정도의 선에서 머무른다. 적당한 선에서 자기 의견을 정확히 표시하는 사람이 될 것이라 기대할 수 있는 것. 어떤 성격이든 내면의 분노만 잘 처리할 수 있다면 큰 문제는 없다.

개중에는 자신의 행동이 남에게 어떻게 보일지 확실하게 알고 있는 사람도 있는데, 그들은 타인을 조종하는 능력에 만족감을 얻거나, 타인을 불편하게 하는 것에 죄책감을 느끼지 못한다는 점에서 자기애성이나 연극성 쪽의 성격을 가졌을 가능성이 있다.

그저 산만한 성격이라 진지함이 없는 그런 사람도 있다. 이들은 자기가 뭘 하는지 잘 모른다. 그저 자기에게 귀찮은 일이 주어지면 피하고 좋은 일이 오면 할 뿐인데, 큰 공격성까지는 없는 편이다. 하지만 바꿔야 할 기본 성격조차 허술해서 다루기엔 더 힘든 면이 있다.

대체 어떻게 대해야 할까

이미 지적한 것처럼 자기애성 인격 중에는 부자나 정치가 등으로 성공한 사람도 많다. 반대로 이쪽 성격은 백수, 사기꾼, 사회 불만 세력 등에서 많이 찾아볼 수 있다. 자기애성 인격과 수동공격성 인격은 동전의 앞뒷면 같다고 느껴질 때가 많다. 실제로 부모가 심각한 자기애성 인격일 때 자식은 수동 공격형인 경우가 꽤 많다. 이들의 목표는 결국 부모를 이겨내고 복수하는 것이지만, 안타깝게도 어떻게 하면 그렇게 할 수 있는지 배우지도 못했고 깨닫지도 못했다. 따라서 분노의 원인을 끝없이 다른 사람에게 돌려 소극적인 방식으로 복수하는 것을 반복하게 된다.

이들은 보통 남에게 자신이 어떻게 비치는지를 잘 모른다. 자신의 행동이 어떤 결과를 만드는지, 그 뺀질거림이 상대방을 얼마나 기분 상하게 하는지 역할 바꾸기 같은 것을 통해서라도 느끼게 해줘야 한다. 문제는 자기 안에 있는 공격 본능인데, 이를 스스로 느끼지 못하면 결국은 다시 주변 동료의 충고를 무시하고 뺀질거리게 된다. 그 공격 본능이 누구를 향하는 것인지 분명하게 해줘야 한다.

자신의 아버지와 사이가 좋지 않았던 사람은 윗사람과도 사이가 좋지 못하거나 적어도 어색하다. 자신의 아버지와 격 없이 지내온 사람은 윗사람을 편하게 대한다. 윗사람이 심하게 화를 내도 '에이, 저 양반 또 뿔났군' 하면서 여유 있게 대처할 수 있다. 사람은 자신의 부모·형제를 대하던 패턴을 사회에서도 반복하기 일쑤인데, 가정 내에서 극단적인 환경에 처한 경우 사회에서도 비상식적인 태도를 취하게 된다. 이때는 사실을 알려줘야 한다.

즉, '윗사람이 너희 아버지가 아니다'라고 말해줘야 하는 것.

　주변에서 이들을 대할 때 가장 중요한 것은 너무 '기대하지 않아야 한다'는 점이다. '내가 시켰으니 하겠지, 그만큼 잘 설명했으니 이젠 제대로 하겠지' 하는 마음이 가장 위험하다. 이러한 마음이 배신당하면 몇 곱절의 분노로 변해 그를 향하게 마련이다. 상대방이 약속을 몇 번씩 어겼을 때 내가 진심으로 분노하면 이 게임은 진 게임이다. 이들에게 그가 한 행동에 대해 천천히 하나씩 설명해줘야 한다. 당신이 그의 아버지나 어머니처럼 보이는 순간 상황은 종료된다. 다시 그는 뺀질거리기 시작할 것이다.

"난 내 수준을 함부로 보여주지 않아"
: 속을 알 수 없는 사람

    종식은 무엇을 생각하는지 당최 알 수 없는 인물이다. 오죽하면 그 녀석 부모님까지도 "쟤는 속에 뭐가 들었는지 알 수가 없다"고 하실까. 나도 여러 번 대화를 시도해봤지만, 그 녀석은 항상 웃을 뿐이다. 물론 일반적인 대화는 잘 한다. 오늘 점심은 뭘 먹자든가, 이번 과제는 자기가 하겠다든가 하는 일상적인 이야기들. 친구도 꽤 많은 편이고, 술도 곧잘 마시고, 집에 갈 때는 술 마신 후배를 잘 데려다주기도 한다. 다만 무슨 생각으로 저런 행동을 하는지, 자기 속은 전혀 내보이지 않는다는 게 문제다.

    가까운 친구에게 물어봤다.

    "도대체 쟤는 평소에 뭐하고 지내?"

"저 녀석? 술 잘 마시지, 농담 잘 하지, 잘 놀지, 쟤 되게 재밌고 괜찮은 애야."

"아니, 뭐 나쁜 놈이 아니란 건 나도 알겠는데, 도무지 속을 얘기하지 않으니까."

"알고 보면 여자 엄청 밝혀. 소개팅 많이 나가잖아. 쪼잔한 데도 있지. 다 같이 돈 낼 때 은근히 뺀다니깐."

소개팅에 잘 나간다는 사실이랑, 은근히 돈을 아낀다는 사실은 알게 됐지만, 이것만 가지고는 글쎄.

이후에도 그 녀석은 별일 없이 잘 지냈다. 성적도 나쁘지 않고 사람들과도 잘 지내는 그냥 좋은 녀석이다. 나는 그 녀석이 화내거나 짜증 부리는 모습을 단 한 번도 보지 못했다. 분명히 속에는 무언가가 들끓고 있을 것도 같고, 깊은 면이 있어서 내가 파악을 못 하는 것 같기도 한데…. 잘 모르겠다.

그 사람의 마음속으로 한걸음

마지막 타입이다. 이 타입은 특히나 속을 알 수 없을 만큼 정보를 전혀 드러내지 않아서 파악하기가 힘들며, 사실 특정 카테고리에 포함시키기도 어렵다. 일단 단편적인 정보만으로 종식을 파악해보자.

먼저, 그는 미소도 잘 짓고 친구들과도 잘 지내고 여자에게도 관심이 많은 것으로 보아 분열성이나 편집성 쪽의 사람은 아닌

듯하다. 분열성이나 편집성 쪽의 사람들은 항상 표정이 경직되어 있고, 타인에게는 그다지 관심이 없다.

그렇다면 의존성이 보이는가? 적어도 안으로 숨는 타입은 아니다. 자기 할 일은 다 하고 있으며, 자신을 내보이기 힘들어하는 쪽과는 거리가 있다. 강박적 타입? 자신의 스타일을 유지하기 위해 철저하게 자신을 규제하는 타입? 그렇게 보기엔 유들유들함과 융통성도 있어 보인다.

방어적인 사람일까? 이건 어느 정도 맞을 듯하다. 우리가 "저 사람은 속에 무엇이 들었는지 잘 모르겠다"고 할 때, 이 말은 상식이나 공부한 내용을 말하는 것이 아니다. 순간순간 그 사람의 감정이 보이지 않는다는 의미다. 적어도 이 사람은 자신의 감정을 심하게 억제하고 있을 것이다. 그렇지 않고서는 평범한 대학생이 여러 친구들과 긴 시간을 함께 보내면서 감정을 거의 드러내지 않을 수가 없다.

이 사람은 무슨 타입?

방어적인 건 방어적인 것이고, 속내는 어떨까? 대인관계가 불안정한 것도 아니고 도덕심이 없는 것도 아니니, 남은 것은 자기애성 인격밖에 없다.

자기 자신이 괜찮은 사람이라는 사실을 은밀히 보이고 싶어하는 타입, 적어도 겉으로는 상당히 부드럽고 좋은 사람이라는 이야기인데, 이 정도면 인간적으로 꽤 괜찮은 사람이다. 감정이 억압되어 있어서 도무지 화를 내지 않을 것이고, 그렇게 함으로써 자기 자신의 만족스러운 모습을 유지할 수 있을 것이다. 이런 성격의 문제점은 이미 앞에서 이야기한 적이 있다.

대체 어떻게 대해야 할까

그런데 문제가 하나 있다. 이 친구가 우리 수준을 한참 뛰어넘는 인격의 소유자일 때. 생각이 너무도 깊어서 우리가 다 어린아이들처럼 보이는 상황이다. 애들한테 자신이 무슨 생각을 하는지 이것저것 얘기해봐야 이해나 하겠느냐 말이다.

나는 가끔 내가 500년 이상 살아온 뱀파이어인데 얼굴은 20대여서 학교를 다니며 학생들과 함께 지낼 때 기분이 어떨까 생각해본다. 그런 사람이 왜 학교에 다니겠느냐 싶겠지만, 최신 학문을 터득하고자 하는 지식욕 가득한 뱀파이어라 치자고. 1,500년 무렵부터 살아왔으니 인간사 더러운 꼴 다 보고 살아왔을 테고, 사람의 죽고 사는 문제는 이미 관통했을 테니, 인권이니 반전反戰이니 통일이니 다 공허한 얘기일 것이다.

얼마나 지루할까? 자신과 얘기가 통하는 사람은 하나도 없고 똑똑하다고 설치는 놈들은 더 짜증 날 것이고 차라리 자기 수준을 아는 순박한 사람들하고만 사귀지 않을까? 아니면 아무 생각 없이 노는 녀석들과 어울리는 게 피차 편할지도. 즉, 자기를 드러낼 필요가 전혀 없는 사람들과 지낼 것이다.

정말 속이 깊어서든 혹은 그렇게 보이든, 그들이 당신과 잘 지내고 아무 문제없다면 너무 신경 쓰지 말 것. '쟤는 당최 속을 알 수가 없어'라고 느낀다면 '그냥 아무 생각이 없어서 그렇겠지'라고 편하게 생각하는 게 답일 수도 있다.

지금까지의 내용을 정리해 도표로 만들어보았다. 이를 중심으
로 사람 파악하는 방법을 다시 한 번 살펴보자.

사람의 성격을 보여주는 정보들

	분류	초점
겉모습	외모	얼굴, 옷, 몸매
	행동	표정, 몸가짐, 행동
말하기	말투	억양, 스피드
	내용	말하고 싶어 하는 것
	대화	상대방의 반응

사람의 성격은 쉽게 읽히지 않는다. 스스로의 역량이 부족하
거나 보는 눈이 삐딱할 경우 더 그렇다. 나 자신에게 어느 정도 사
람 보는 눈이 있다고 가정할 때, 성격을 판단할 수 있는 정보는 다
음과 같은 곳에서 얻을 수 있다.

사람의 성격을 파악하는 순서

1. 평소 사람들의 성격에 관한 책도 읽고, 자신만의 의견도 만들어본다. 나의 말이나 행동에 따른 상대방의 반응도 미리 기억해두자. 당신이 숙련되고 경험이 많을수록 더 다양한 예측을 할 수 있다.

2. 상대방을 만난 후, 모습이나 행동, 대화 하나하나마다 떠오르는 선입견을 일단 머리에 저장해두자. 멋대로 생각해도 좋다. 그러나 당신의 판단이 선입견에 머무르지 않으려면, 가능성을 열어두고 정반대의 경우까지도 다양하게 가정해보아야 한다.

3. 상대방이 나의 기대와 어딘가 맞지 않는 행동을 보인다면? 일단 당신의 머릿속 노트에 살짝 표시를 해두라. 그 부분이 그 사람의 특징이라고 볼 수 있다.

4. 그에게서 떠올린 것들을 단어 혹은 이미지로 바꾸어서 머릿속에 죽 나열해본다. 나열한 단어와 이미지 조각들이 서로 일관성 있는지 검토한다. 나는 이 일을 '퍼즐 맞추기'라고 부르는데, 여러 조각들을 하나하나 나열하다 보면 특정한 사람의 형상이 떠오르기 시작한다. 예를 들어, 내가 얻어낸 이미지 조각들이 도도함, 행복, 웃음, 자신감이라면 어딘가 밝고 약간 거만한 사람이 보인다.

5. 가끔씩 퍼즐의 그림이 잘 맞지 않을 때가 있다. 바로 그 일관성 없는 조각을 끄집어내라. 당신이 잘못 보았든가 원래의 선입견이 잘못되었든가 둘 중 하나다. 둘 다 아니라면 그 모두의 카드

를 포함하는 사람을 떠올려야 한다. '원래는 수줍고 어리숙한 사람이지만 후천적으로 어떤 분야에서 자신감을 얻은 사람'이라는 식으로 서로 다른 조각들을 모두 갖고 있는 그림을 그려보는 것이다. 이런 판단을 할 수 있으려면 풍부한 경험이 반드시 필요하다. 직접 경험하기 어렵다면, 전형적인 유형을 책에서 읽고 기억해두자(이어지는 '성격의 전형적인 이미지'를 참조한다). 또, 당신보다 깊이 있는 사람을 당신이 파악할 수는 없다는 사실도 기억해야 한다.

성격의 전형적인 이미지

융의 성격 분류인 MBTI 같은 것을 참조하자. 인간을 정확하게 분류하는 기준 같은 것은 아직까지 없지만, 정신과 의사들이 유용하게 쓰고 있는 성격의 특성 자료는 있다. 인격 장애의 진단 기준들이 그것으로, 이를 잘만 활용하면 사람들의 성격 특성을 쉽게 파악할 수 있다.

다음 표는 그 기준에 나의 의견을 더해 인격 장애의 종류를 새롭게 구분해놓은 것이다. 물론 이것만으로 모든 것을 알았다는 자만에 빠져선 안 된다.

	명칭	핵심
관심에 목마른 사람들	자기애	자신의 우월성을 확신한다.
	경계성	남도 자신도 뚜렷하지가 않다.
	반사회성	원칙이 없다.
	연극성	다른 사람의 관심을 원한다.
타인에게 무관심한 사람들	산만한 사람	타인의 말을 잘 받아들이지 못한다.
	편집성	의심한다.
	분열형	신비로워 보인다.
	분열성	감정이 없는 것 같다.
타인에게 자신을 보여주지 못하는 사람들	강박성	융통성이 없다.
	회피성	사람을 피한다.
	의존성	혼자 결정을 내리지 못한다.
	수동공격성	뒤에서 반항한다.
	방어적	자신에게는 문제가 없다고 생각한다.

그 사람이 그런 성격을 갖게 된 이유

여기에는 프로이트의 이론, 대상관계 이론, 자기 심리학 이론 등이 꽤 도움을 준다. 설명하진 않았지만, 부모의 양육이 어떻게 사람의 성격을 형성하는지도 공부해보면 흥미롭다. 이 부분에 대해서 자세하게 말하지 못한 것이 좀 아쉽다. 하지만 이것은 워낙 광범위한 이야기라서 이 책의 주제를 넘어선다고 봤다. 호기심이 생기면 관련 서적을 더 읽어보길 바란다.

한 사람에게는 대개 여러 가지 성향이 섞여 있다. 더 자세하게 사람을 파악하려면, 거듭 말하지만 경험과 훈련이 필요하다. 사람을 파악하는 데 있어 프로페셔널과 아마추어의 차이는 사람을 읽는 자세에 있다. 아마추어는 자신이 어느 정도 맞혔다는 것에 기뻐하지만, 프로는 자신이 틀렸을 가능성을 항상 생각한다. 겸손함 없이 함부로 인간에게 나의 잣대를 들어대어선 곤란한 것이다.

사람을 이해하기 위하여

어쩌다 보니 정말 우연한 기회에 TV 출연을 하게 되었고, 그것을 계기로 방송이나 강의도 하고, 책도 여러 권 쓰게 되었다. 부담스러운 것은 방송 초기에 내가 무슨 점쟁이인 양 사람을 한 번 슥 보기만 해도 단번에 파악하는 사람으로 등장했다는 것이다.

그래서 나는 그 선입견을 최대한 이용하고 싶었다. 사람들이 정신과 의사에게 기대하는 이야기를 하되, 실제로는 사람이 사람을 파악하는 것이 그렇게 신기한 일은 아니라는 사실, 즉 보이는 행동과 모습을 그대로 읽어가다 보면 자연스럽게 할 수 있는 것이라는 사실을 말하고 싶었다. 이 책을 정신과 혹은 심리학 분야에 종사하는 사람이 읽어본다면 그리 대단한 내용은 아니라고 여길지도 모른다. 반대로 이 책을 읽게 된 상당수의 일반인들은 어럽다거나 막연하다고 느낄지도 모르겠다. 하지만 어떻게 하겠는가? 인간은 쉬운 존재가 아니니.

나는 이 책을 쓰면서 진단 기준 몇 개 외에는 다른 책이나 참고자료를 전혀 읽어보거나 인용하지 않았다. 비교적 순수하게 내가 내담자를 비롯해 만나게 되는 사람들을 보고 파악하는 방식을 그대로 서술하려고 노력했다.

정신과 의사를 하면서 사람들 갈등을 다루는 일을 하다 보니, 사람들이 서로 싸우지 않고 살았으면 좋겠다는 바람을 갖게 되었다. 그러려면 타인을 이해하고(이 말은 많이 들었을 것이다), 자신을 이해해야 한다(이게 어렵다). 자신은 똥 묻은 상태에서 상대방을 보며 겨 묻었다고 화를 내고, 화낼 데가 없으면 만만한 가족을 괴롭히고, 스스로 목숨 끊는 것을 쉽게 보고, 분노를 부추기는 것이 당연한 세상에 평화가 오려면 인간으로서 살아가는 최소한의 원칙이 있어야 하며, 나는 그것이 사람에 대한 이해에서 시작된다고 생각한다.

사람이 자신을 보는 방식은 마치 장님이 사물을 보는 방식과 같다. "나는 내가 잘 알지"라는 말만큼이나 그 사람의 유치함을 드러내는 말도 없다. 물론 자신만이 알고 있는 기억도 있고 속생각도 있겠지만, 겉으로 드러난 모습 역시 자기 진실의 또 다른 면일 것이다. 장님이 태양을 알려면 들은 지식으로 상상하는 것 외에는 방법이 없다. 우리도 우리의 진짜 모습을 알기 위해서는 상상하는 수밖에 없다.

증명사진이 내가 생각하는 내 얼굴 이미지와 같다고 느끼는 사람이 있는가? 반대로 남의 증명사진은 내가 생각하던 이미지 그대로이지 않던가? 그렇다면 증명사진 속의 내가 진짜 나의 이미지요, 내가 생각하는 나의 이미지는 가짜 아닐까? 더는 나의 판단과 생각을 믿을 수 있을까?

자신의 인격이나 사고방식도 마찬가지다. 상담할 때 "본인 성격이 어때요?" 하고 물으면, 십중팔구 남자들은 "저는 평소엔 차분한데요, 욱하는 성격이 있어요"라고 하고, 여자들은 "저는 친한 사람들 사이에선 활발한데요, 원래는 좀 내성적인 것 같아요"라고 말한다. 정말 그럴까?

우리들은 남에게는 가혹한 판단을 내리면서 산다. "쟤는 너무 내성적이야" "쟤는 되게 버릇없어" 하는 식으로 단정하며 말이다. 자신의 속은 겉과 다르고 복잡하다는 걸 남이 이해해주길 바라지만, 사실 사람의 속마음은 원래 복잡한 것이다. 남의 시선 역시 자신의 주관만큼이나 중요하다는 사실을 인식해야 한다.

누군가는 이렇게 말할지도 모른다.

"도대체 왜 이렇게 인간들을 분류하려고 드는가? 인간이 인간을 평가하는 것은 난센스다. 내가 보기엔 과묵하고 괜찮은 친구로만 보이는데 뭘 자기애가 어쩌고……."

이런 말 정말 자주 듣는다, 지겨울 정도로. 어떤 학문에 대해 깊게 들어가 문제점을 말하는 것이 아니라 "전 철학은 존재할 필요가 없다고 생각해요"라든가 "신학이란 건 상상을 연구하는 학문이기 때문에 거짓이 아닐까요"라고 말하는 것은 중학교 도덕 시간에나 발표할 만한 설익은 질문이 아닐까? 무엇을 두려워하나. 인간이 분류되는 것 자체가 두려운 것인가, 자신이 유일무이한 존재가 아니라는 사실이 두려운 것인가.

앞서 내가 한 작업이 애초 사람의 특성을 논리적으로 분류하려고 한 것이 아니라는 점을 명확히 해두고 싶다. 물론 기본적인 논리 자체에서 문제점을 찾아낼 수도 있겠지만, 앞서 제시한 인격들은 의사나 분석가들이 면담을 하다 보니 "허, 참. 이런 인간들 참 많네" 하면서 모아놓은 것에 불과하다. 마치 거대한 그물에서 가장 크게 뭉쳐 있는 마디 몇 군데만 지칭한 것과 같다는 얘기다. 그 사이에도 수많은 그물코가 있고, 어떤 것은 큰 마디에 연결되어 있기도 하고, 어떤 것은 작은 부분에 연결되어 있기도 하고, 기존의 마디와는 멀리 떨어져 있는 것도 있다. 그러니, 이 책을 아직은 불완전한 학문의 결과 정도로 봐주는 게 좋겠다.

프로이트가 100년 전에 예언했듯이 인간의 심리적인 문제는 뇌의학의 일부로 편입되어 가고 있다. 현대의 뇌의학은 생각보다 더 빨리 발달해 가고 있다. 놀라울 정도다. 매트릭스의 세계가 실제 이론으로 펼쳐지고 있고, 우리가 영혼의 문제라고 생각했던 부분들이 뇌의 착각이나 기능의 문제임이 드러나고 있다(과연 어디까지가 영혼의 문제일까?).

아마 인간의 내면에 대한 분류도 100년쯤 후에는 뇌의 부위별 기능 및 거기에 기록된 신경 패턴의 내용에 의해 다시 나눠질 것이다. 그때는 인간을 열몇 가지 정도로 분류하는 원시적인 방법이 아니라, AX3000G 같은 기호로 분류하게 될 것이다. 인간의 마음도 누구나 알아볼 수 있게 드러나고, 본성을 통제하는 여러 가지 기술이 등장하여 우리가 지금 그렇게 괴로워하는 본능, 불평등, 진실의 문제를 해결해줄지도 모른다.

그렇다고 타인을 이해하려는 노력이 아무런 의미가 없어질까? 근미래에 이 책에서 이야기한 모든 것들이 누구나 아는 이야기들이 되는 날이 오더라도(그렇게 되길 진심으로 바란다), 그렇진 않을 거라고 생각한다. 인간은 타인을 이해하려고 애쓸 때 가장 인간답다고 믿기 때문이다.

위험한 심리학

1판 1쇄 발행 2018년 4월 20일
1판 7쇄 발행 2024년 1월 5일

지은이 송형석

발행인 양원석 **편집장** 박나미
영업마케팅 조아라, 이지원, 한혜원
펴낸 곳 ㈜알에이치코리아
주소 서울시 금천구 가산디지털2로 53, 20층 (가산동, 한라시그마밸리)
편집문의 02-6443-8865 **도서문의** 02-6443-8800
홈페이지 http://rhk.co.kr
등록 2004년 1월 15일 제2-3726호

ⓒ송형석, 2018, Printed in Seoul, Korea

ISBN 978-89-255-6353-4 (03180)